그림으로 보는 조선왕조실록

⦿ **사진 제공**
44쪽—상평통보(국립중앙박물관), 67쪽—공명첩(국립중앙박물관), 91쪽—동국대지도(국립중앙박물관),
94쪽—마패(국립중앙박물관), 106쪽—반계수록(국립전주박물관), 108쪽—동사강목(국립중앙박물관),
109쪽—택리지(국립중앙박물관), 139쪽—봉수당진찬도(동국대학교박물관), 142쪽—화성성역의궤(국립중앙박물관),
165쪽—목민심서(국립민속박물관), 168쪽—열하일기(성호박물관), 173쪽—단원 풍속도첩(국립중앙박물관)

그림으로 보는 조선왕조실록 ④

초판 1쇄 발행 2023년 6월 30일

글 김은의 | **그림** 조선경

발행인 오형석
편집장 이미현 | **편집** 정은혜 | **디자인** 이희승
발행처 (주)계림북스
신고번호 제2012-000204호 | **등록일자** 2000년 5월 22일
주소 서울시 마포구 창전로 74 여촌빌딩 3층
대표전화 (02)7079-900 | **팩스** (02)7079-956
도서문의 (02)7079-913
홈페이지 www.kyelimbook.com

ⓒ계림북스, 2023
이 책에 실린 글과 그림, 사진의 무단 전재나 복제를 금합니다.

ISBN 978-89-533-3531-8 74900 | 978-89-533-3503-5(세트)

새로운 조선을 꿈꾸다

그림으로 보는 조선왕조실록

글 김은의 | 그림 조선경

계림북스

들어가는 말

왕도 볼 수 없었던 가장 치밀하고 공정한 역사 기록

　조선은 〈조선왕조실록〉을 편찬하기 위해 어마어마한 노력을 기울였어요. 먼저 기록을 담당하는 사관을 두어 왕을 그림자처럼 따라다니며 왕이 하는 말과 행동, 신하들과 주고받은 대화 등을 죄다 기록하게 했어요. 그리고 철저하게 비밀에 부쳐 기록의 공정성을 지켰지요. 그 덕분에 사관은 왕과 권력의 눈치를 보지 않고 사실을 있는 그대로 기록할 수 있었어요.

　실록은 왕이 죽고 난 다음에 실록청이라는 국가 관청을 만들어 사관의 기록을 바탕으로 편찬되었어요. 그러다 보니 왕은 후세에 길이 남을 역사의 기록이 두려워 권력을 함부로 휘두를 수 없었어요. 실록 편찬이 현실 정치에까지 영향을 미쳤던 것이지요.

　그뿐 아니라 실록에는 조선 시대의 정치, 외교, 경제, 사회, 종교, 천문 등은 물론이고 백성들의 생활 모습과 풍습, 날씨, 천재지변 등 모든 분야를 망라하여 풍부한 내용이 담겨 있어요. 이런 가치를 인정받아 〈조선왕조실록〉은 우리 나라의 국보가 되었고, 온 인류가 지키고 보존해야 할 소중한 세계 기록 유산으로 등재되었답니다.

　〈조선왕조실록〉 가운데 가장 중요하고 유익한 역사적 사실을 뽑아 재미있게 풀어 쓴 〈그림으로 보는 조선왕조실록〉이 들려주는 이야기를 통해 자랑스러운 우리 문화를 만나 보아요.

김은의

차례

나라를 뒤흔든 붕당의 경쟁

- **예송 논쟁에 휘말린 현종** ········· 12
  - – 상복을 두고 다투었어요
  - – 서인과 남인이 대립했어요
  - – 또다시 상복 문제로 다투었어요

실록 배움터 ········· 18
서인과 남인의 주장은 어떻게 다를까?

- **자연재해와 백성들의 고통** ········· 20
  - – 흉년이 들었어요
  - – 왕이 무릎을 꿇었어요

실록 배움터 ········· 24
조선 탈출 보고서, 〈하멜 표류기〉

실록 놀이터 다른 그림 찾기 ········· 26

붕당 정치의 절정

- **환국을 일으켜 왕권을 강화한 숙종** ········· 30
  - – 경신환국으로 서인이 권력을 독차지했어요
  - – 서인이 노론과 소론으로 나뉘었어요
  - – 기사환국으로 남인이 집권했어요
  - – 갑술환국으로 서인이 다시 권력을 쥐었어요
  - – 희빈 장씨에게 사약을 내렸어요

실록 배움터 ········· 40
〈조선왕조실록〉에 가장 많이 등장하는 인물은?

- **활발해지는 상업 활동** ········· 42
  - – 대동법을 실시했어요
  - – 상평통보를 발행했어요
  - – 이앙법으로 벼농사를 지었어요
  - – 상품 작물이 재배되었어요

실록 배움터 ········· 50
끝내 안 잡힌 조선의 3대 의적, 장길산

- **국방과 군역 체제 정비** ········· 52
  - – 국방을 강화하고 백두산정계비를 세웠어요
  - – 오군영을 완성하고 군포 부담을 줄였어요

탕평의 시대를 열다!

실록 배움터 ···································· 56
조선의 외교 사절단, 연행사와 통신사

• **울릉도를 지켜 낸 안용복** ···················· 58
　– 일본 어부들이 고기를 잡았어요
　– 쓰시마섬 도주가 누명을 씌웠어요
　– 일본의 공식 문서를 받았어요
　– 법을 어겼다고 벌을 받았어요

실록 배움터 ···································· 66
이름이 비어 있는 임명장, 공명첩

• **당쟁에 시달린 경종** ························ 68
　– 연잉군을 왕세제로 삼았어요
　– 신임사화가 일어났어요

실록 놀이터 틀린 것 고르기 ···················· 72

• **탕평책을 실시한 영조** ······················ 76
　– 영조가 왕이 되었어요
　– 이인좌의 난이 일어났어요
　– 탕평책을 실시했어요

실록 배움터 ···································· 82
탕평책을 알리는 탕평비를 세우다!

• **백성을 위한 정치** ·························· 84
　– 근검절약을 실천했어요
　– 균역법을 실시했어요
　– 신문고를 설치하고 잔혹한 형벌을 없앴어요
　– 다양한 책을 펴냈어요
　– 청계천 준설 공사를 했어요

실록 배움터 ···································· 94
어사 박문수는 어떤 일을 했을까?

• **탕평의 희생양 사도 세자** ·················· 96
　– 아버지가 무서웠어요
　– 노론의 미움을 받았어요
　– 사도 세자가 뒤주에 갇혀 죽었어요

정조의 개혁 정치

실록 배움터 ················· 102
혜경궁 홍씨가 쓴 눈물의 자서전, 〈한중록〉

• **실학의 등장** ················· 104
  – 실용적인 학문이 필요했어요
  – 유형원과 이익은 실학의 선구자였어요
  – 국학 연구가 활발해졌어요
  – 홍대용이 천문학을 연구했어요

실록 배움터 ················· 112
조선의 코페르니쿠스, 홍대용

실록 놀이터 숨은그림찾기 ········ 114

• **새 시대를 연 정조** ············· 118
  – 정조가 왕위에 올랐어요
  – 규장각을 설치했어요
  – 서얼 출신 인재를 등용했어요
  – 초계문신 제도를 실시했어요

• **정조가 꿈꾼 새로운 도시** ········ 126
  – 화성에 신도시를 건설했어요
  – 정약용이 성곽을 설계했어요
  – 첨단 기구를 사용했어요
  – 일한 만큼의 임금을 지급했어요

실록 배움터 ················· 134
왕을 호위하는 조선 최고의 부대, 장용영

• **정조의 화성 행차** ············· 136
  – 한강에 배다리를 놓았어요
  – 회갑 잔치를 열었어요
  – 과거를 치르고 군사를 훈련했어요

- **실록 배움터** ································ 142
〈화성성역의궤〉와 〈원행을묘정리의궤〉

• **시끌벅적 시장의 성장** ················ 144
  - 상업이 발달했어요
  - 시전 상인에게 독점권이 있었어요
  - 백성들이 고통받았어요
  - 신해통공을 실시했어요
  - 포구가 발전했어요

- **실록 배움터** ································ 154
전 재산을 털어 제주 백성을 살린 김만덕

• **새로운 변화의 바람** ···················· 156
  - 서양 문물이 들어왔어요
  - 천주교를 탄압했어요

- **실록 배움터** ································ 160
조선 최초의 교회는 누가 세웠을까?

• **실학으로 새로운 시대를 꿈꾸다** ········ 162
  - 토지 개혁을 주장했어요
  - 정약용은 최고의 실학자였어요
  - 청의 문물을 받아들이자고 주장했어요
  - 박지원은 풍자 소설을 썼어요
  - 박제가는 〈북학의〉를 펴냈어요

- **실록 배움터** ································ 172
백성들의 생활을 생생하게 그려 낸 김홍도

- **실록 놀이터** 알맞은 것끼리 연결하기 ········ 174

- **실록 놀이터 정답** ························ 176

〈부록〉 조선왕조실록 연표

현종 시대는 전쟁 없이 평화로웠어요. 그러나 가뭄이 계속되어 몇 년 동안 흉년이 이어지면서 수많은 백성이 굶어 죽었어요. 하지만 조정의 신하들은 백성들의 생활은 돌보지 않고 붕당 정치만 일삼았어요. 효종의 장례 문제를 놓고 남인과 서인이 편을 갈라 치열한 논쟁을 벌였지요. 현종은 이편저편을 들다 결국 논쟁을 마무리 짓지 못하고 세상을 떠났어요. 과연 현종 시대에는 어떤 일들이 벌어졌는지 함께 알아봐요.

나라를 뒤흔든 붕당의 경쟁

예송 논쟁에 휘말린 현종

상복을 두고 다투었어요

효종이 세상을 떠나자 그 뒤를 이어 현종이 왕위에 올랐어요. 그런데 신하들이 효종의 장례 예절을 놓고 다투기 시작했어요. 조선이 예절을 중요하게 여기는 유교 국가였기 때문이지요. 조선은 나라의 행사는 물론이고 집안의 행사도 유교 예절에 따랐어요. 그중 사람이 죽었을 때 치르는 장례 예절은 나라에서 가장 중요한 일로 여기는 관혼상제* 중 하나였어요. 게다가 왕의 장례는 백성들에게 본보기가 되기에 더욱 예를 지켜 치러졌지요.

★관혼상제 어른이 되는 관례, 결혼하는 혼례, 장례를 치르는 상례, 제사를 지내는 제례를 아울러 이르는 말이에요.

나라를 뒤흔든 붕당의 경쟁

효종의 장례에서 새어머니인 자의 대비가 몇 년간 상복을 입어야 하는지가 문제였어요. 조선의 장례 예절은 첫째 아들이 죽었을 때는 3년간 상복을 입고 둘째 아들이 죽었을 때는 1년간 상복을 입었어요. 효종은 인조의 둘째 아들로, 첫째 아들인 소현 세자가 갑자기 세상을 떠나 왕위에 올랐어요. 효종을 둘째 아들로만 생각하면 1년간 상복을 입으면 되었지요. 그런데 왕이 되었기 때문에 3년간 상복을 입어야 한다는 주장이 나왔어요.

서인과 남인이 대립했어요

당시 조선의 신하들은 서인과 남인으로 나뉘어 권력 다툼을 벌였어요. 두 세력은 효종의 장례 예절을 놓고 크게 맞붙었어요. 송시열과 송준길을 중심으로 한 서인은 1년간 상복을 입어야 한다고 주장했어요.

"효종은 둘째 아들입니다. 게다가 자의 대비는 이미 첫째 아들인 소현 세자가 돌아가셨을 때 3년간 상복을 입었습니다. 그런데 어찌 또 3년간 상복을 입는단 말입니까?"

나라를 뒤흔든 붕당의 경쟁

그러자 허목과 윤휴를 중심으로 한 남인이 반대했어요.
"효종은 둘째 아들이지만 왕이십니다. 그러니까 왕의 어머니인 자의 대비가 3년간 상복을 입는 것은 너무나도 당연한 일입니다."
서인과 남인은 끝까지 주장을 굽히지 않았어요. 어떤 주장이 받아들여지느냐에 따라 권력을 쥐느냐, 잃느냐가 결정되었기 때문이지요.
결국 현종은 서인의 손을 들어주었고 남인은 힘을 잃고 물러났어요.

또다시 상복 문제로 다투었어요

그로부터 15년 뒤인 1674년이었어요. 이번에는 효종의 비인 인선 왕후가 세상을 떠났어요. 그러자 시어머니인 자의 대비가 상복을 얼마 동안 입을 것인지 문제가 되었어요. 이번에도 효종을 첫째 아들로 볼 것인지, 둘째 아들로 볼 것인지가 논란이었지요. 큰며느리가 죽었을 경우, 시어머니는 1년간 상복을 입고 작은며느리가 죽었을 때는 9개월간 상복을 입었어요. 효종을 둘째 아들로 보는 서인은 9개월을 주장했어요. 하지만 둘째라도 왕이라는 걸 강조하는 남인은 1년을 주장했지요.

나라를 뒤흔든 붕당의 경쟁

이때 현종은 남인의 주장을 받아들였어요. 서인이 자신의 아버지인 효종을 둘째 아들로만 보는 것이 불만이었지요. 왕인데도 둘째 아들만 강조하는 것은 효종을 무시하는 일이고, 그것은 곧 자신을 무시하는 일이라 생각했어요. 그래서 현종은 남인의 손을 잡고 서인을 내쫓았지요. 이제 조정은 남인의 차지가 되었어요. 이처럼 서인과 남인은 권력을 차지하기 위해 치열하게 예절 다툼을 벌였는데, 역사에서는 이 사건을 '예송 논쟁'이라 부른답니다.

실록 배움터

서인과 남인의 주장은 어떻게 다를까?

얼핏 보면 예송 논쟁은 서인과 남인이 상복을 얼마 동안 입을 것인지를 놓고 다퉜던 사건 같아요. 그러나 그 속을 들여다보면 그렇게 단순한 문제가 아니랍니다. 여기에는 왕권에 대한 서인과 남인의 엄청난 생각의 차이가 있었지요.

먼저 서인은 인조반정★으로 정권을 잡은 세력이에요. 그리고 원래부터 왕권보다 신권, 즉 신하들이 나라를 이끌어 가는 신권 정치를 중요하게 생각했어요. 그래서 왕과 신하들이 똑같은 예절을 지켜야 한다고 주장했어요. 왕권이 강해지는 것을 원하지 않았던 것이지요.

★**인조반정** 1623년에 서인 일파가 정변을 일으켜 광해군을 폐위시키고 인조를 왕위에 앉힌 사건을 말해요.

그에 반해 남인은 힘이 약했어요. 서인을 몰아내고 정권을 잡기 위해서는 왕의 도움이 절실했지요. 강력한 왕권만이 계속 커지는 서인 세력을 누를 수 있었어요. 그래서 남인은 왕과 신하는 엄격하게 구별돼야 하고 왕실의 예절은 일반 선비 집안과는 달라야 한다고 주장했어요.

오랫동안 권력을 쥐고 있었던 서인에게는 왕권이 약해져야 자신들의 권한이 세지는 거고, 새로 권력을 잡아야 하는 남인에게는 왕권이 강해져야 유리했던 것이지요.

자연재해와 백성들의 고통

흉년이 들었어요

현종 말년에는 조선에 큰 가뭄이 들었어요. 당시에는 농사를 짓는 데 날씨가 결정적인 역할을 했어요. 홍수가 나거나 가뭄이 들면 한 해 농사를 망쳤지요. 특히 봄부터 가뭄이 들면 씨앗을 뿌릴 수 없고, 뿌리더라도 곡식이 자라지 못했어요. 현종 9년에 이런 위기가 찾아왔어요. 봄부터 비가 한 방울도 내리지 않아 가을이 되어도 거두어들일 곡식이 없었지요. 수많은 백성이 굶어 죽고, 병들어 죽었어요.

나라를 뒤흔든 붕당의 경쟁

다음 해에는 상황이 조금 나아졌어요. 그러나 다음 해, 그다음 해까지 극심한 가뭄이 이어지면서 현종 12년에는 최악의 흉년이 들었어요. 나라에서는 갖가지 방법으로 쌀을 구해 나눠 주고 만약을 대비해 마련해 둔 군량미까지 풀었어요. 하지만 굶어 죽어 가는 사람들을 구하기엔 역부족이었지요. 전국 곳곳에 미처 파묻지 못한 시체가 산을 이루었고 비가 오면 냇물에 둥둥 떠내려왔어요.

왕이 무릎을 꿇었어요

현종 시대에는 외적이 쳐들어오지 않았어요.
하지만 끊임없이 청의 눈치를 봐야 했어요. 1664년, 병자호란 때 포로로
끌려갔던 안추원이라는 아이가 어른이 되어 조선으로 도망쳐 왔어요. 죽을
고비를 몇 번이나 넘기고 겨우 살아 돌아왔지만 고향은 씨늘했어요. 부모님은
벌써 돌아가시고 반겨 주는 사람이 한 명도 없었지요. 먹고살 길이 막막했던
안추원은 다시 청으로 돌아가다가 청나라 군사들에게 붙잡히고 말았어요.

나라를 뒤흔든 붕당의 경쟁

청나라에서는 그 책임을 조선에 물었어요. 병자호란 때 청으로 끌려간 포로가 도망쳐 나오면 바로 알리겠다고 약속했기 때문이지요. 청이 사신을 보내자 조선 조정에서는 마중을 나가 사신과 수행원들에게 많은 뇌물을 안겨 주며 그들을 달랬어요. 하지만 사신은 막무가내였지요.
"우리 백성이 도망 왔는데 즉시 보고하지 않았으니 대신들의 목숨으로 그 죄를 묻겠다!"
현종은 청이 있는 북쪽을 향해 무릎을 꿇었어요. 그제야 사신은 대신들을 용서하고 벌금으로 은을 받아 갔어요.

실록 배움터

조선 탈출 보고서, 〈하멜 표류기〉

1653년, 네덜란드 동인도 회사 선원이었던 하멜은 스페르베르호를 타고 일본으로 가다가 폭풍우를 만났어요. 배가 부서지고 겨우 제주도에 도착했지만, 64명의 선원 중에 36명만이 목숨을 건졌지요. 하지만 하멜 일행은 곧바로 네덜란드로 돌아갈 수 없었어요. 하멜 일행을 한양으로 압송하고 조선을 떠나지 못하게 했기 때문이지요. 조선은 표류한 외국인을 돌려보내지 않는 대신 죽을 때까지 보살펴 주었어요.

★**표류** 물 위에 떠서 정한 곳 없이 흘러가는 걸 뜻해요.

하멜 일행은 13년 하고도 28일간 조선에 살면서 온갖 고생을 다했어요. 그 과정에서 많은 선원이 죽고 살아남은 8명이 1666년에 극적으로 조선을 탈출했어요. 네덜란드로 돌아간 하멜은 조선에서 보고 듣고 느낀 사실을 기록해 보고서를 펴냈어요. 이것이 〈하멜 표류기〉인데, 서양인의 눈으로 본 당시 조선 사회의 모습이 고스란히 담겨 있지요. 〈하멜 표류기〉는 네덜란드는 물론 프랑스, 독일, 영국 등지로 불티나게 팔려 나갔어요.

실록 놀이터

현종 대에 효종의 장례 문제를 놓고 남인과 서인이 편을 갈라 치열한 논쟁을 벌였어요. 두 그림에서 다른 부분 다섯 군데를 찾아 ◯ 해 보세요.

숙종 시대는 조선 왕조를 통틀어 붕당의 정치 싸움이 가장 심했던 시기였지만 사회 경제적으로 많은 발전을 이루기도 했어요. **숙종은 붕당 정치를 이용하여 왕권을 강화하고 임진왜란과 병자호란 이후 혼란스러워진 사회 질서를 바로잡으려고 노력했어요.** 또 상업 활동을 지원하고 국방을 튼튼히 하여 백성들의 생활을 안정시켰지요. 숙종은 임진왜란 이후 100여 년 동안 계속되어 온 피해 복구 사업을 사실상 마무리했어요.

환국을 일으켜 왕권을 강화한 숙종

경신환국으로 서인이 권력을 독차지했어요

현종의 뒤를 이어 조선의 제19대 임금 숙종이 열네 살의 어린 나이로 왕위에 올랐어요. 신하들은 여전히 나랏일보다 정권을 잡는 데만 관심이 있었지요. 현종 말기에는 권력에서 밀려났던 서인들이 예송 논쟁을 다시 끄집어냈어요. 숙종은 서인의 우두머리인 송시열을 관직에서 내쫓고 남인 편을 들었어요. 남인의 우두머리인 영의정 허적에게는 의자와 지팡이를 내려 주라고 할 정도로 친절을 베풀었지요. 하지만 남인 세력이 그 이상 커지는 것은 바라지 않았어요.

붕당 정치의 절정

그때 서인 세력인 김석주가 남인들이 역모를 꾀했다고 고발했어요. 그러자 숙종은 그날 밤 남인을 관직에서 몰아내고 서인을 불러들였어요. 하룻밤 사이에 조정의 신하들이 남인에서 서인으로 뒤바뀌었지요. 1680년 경신년에 일어난 이 사건을 '경신환국'이라 해요. 환국은 정권이 급작스레 교체된다는 의미로, 마치 손바닥을 뒤집듯 상황이 뒤집힌다는 뜻이지요. 경신환국으로 남인을 대표하는 허적, 윤휴 등을 비롯하여 많은 사람이 목숨을 잃었어요. 그리고 서인들이 권력을 독차지했지요.

서인이 노론과 소론으로 나뉘었어요

그런데 이번에는 경신환국으로 권력을 잡은 서인들이 둘로 나뉘었어요.
송시열을 중심으로 한 나이 든 신하들은 이렇게 주장했어요.
"남인들이 군사권을 장악하고 역모를 꾀했습니다. 모두 조정에서
몰아내야 합니다."
그러나 송시열의 제자였던 젊은 신하들의 생각은 달랐어요.
"역모는 조작입니다. 이런 조작을 한 김석주에게 벌을 내리십시오."
결국 서인은 송시열을 비롯한 나이 든 세력인 '노론'과 젊은 세력인 '소론'으로
나뉘게 되었어요.

붕당 정치의 절정

 한편 숙종은 궁녀 장옥정을 사랑하게 되었어요. 장옥정은 남인과 관련이 있는 집안 출신이었어요. 1688년, 장옥정이 왕자 윤을 낳았어요. 숙종에게는 서인 노론 출신의 왕비 인현 왕후가 있었지만 아기를 낳지 못했어요. 윤은 숙종이 스물여덟 살에 처음으로 얻은 아들이었지요. 숙종은 크게 기뻐하며 태어난 지 100일도 안 된 윤을 원자로 정하고, 장옥정을 정1품 빈으로 삼았어요. 빈은 왕비 아래 후궁이 오를 수 있는 최고의 자리였어요.

★**원자** 왕의 적자, 즉 왕비에게서 태어난 맏아들을 뜻해요.

기사환국으로 남인이 집권했어요

그러자 서인 노론들이 반발하고 나섰어요. 노론의 우두머리인 송시열이 앞장섰지요.

"인현 왕후가 아직 젊은데, 어찌 후궁이 낳은 왕자를 원자로 삼으려 하십니까? 조금 더 기다리시는 게 옳은 일이라고 생각됩니다."

"원자를 정하는 것은 왕의 고유 권한이다. 어찌 신하가 트집을 잡느냐?"

숙종이 불같이 화를 내자, 남인들이 적극적으로 숙종 편을 들었어요.

"맞습니다. 그건 왕권에 대한 도전입니다."

붕당 정치의 절정

숙종은 송시열의 관직을 빼앗고 제주도로 귀양 보냈어요. 그러나 송시열은 귀양을 가서도 뜻을 굽히지 않았어요. 서인들을 모아 윤을 원자로 삼는 것에 반대하는 상소를 올렸지요. 그러자 숙종은 송시열에게 사약을 내리고 함께 상소한 서인들을 모두 귀양 보냈어요. 서인 노론 집안의 딸인 인현 왕후도 폐위하여 궁궐에서 내쫓았어요. 대신 남인들이 지지하는 희빈 장씨를 왕비로 삼았지요. 1689년 기사년에 일어난 이 사건을 '기사환국'이라고 해요. 기사환국으로 권력은 다시 남인에게 넘어갔지요.

갑술환국으로 서인이 다시 권력을 쥐었어요

남인들은 기사환국으로 권력을 쥐었지만 늘 불안했어요. 언제 또다시 세상이 뒤집힐지 알 수 없었지요. 그래서 최대한 몸을 낮추고 숙종의 뜻에 따랐어요. 그런데 1693년에 남인들을 바짝 긴장시키는 일이 생겼어요. 숙종이 장희빈을 멀리하고 무수리 숙원 최씨를 사랑하게 된 거예요. 숙원 최씨는 폐비가 된 인현 왕후에게 정성을 다했는데 숙종은 이런 숙원 최씨를 눈여겨보았어요.

붕당 정치의 절정

장희빈과 남인들은 가만있지 않았어요. 장희빈의 오빠 장희재가 중심이 되어 숙원 최씨를 독살하려고 했지요. 이 사실을 알게 된 숙종은 조정에서 남인들을 모두 내쫓았어요. 남인과 한편이었던 장희빈도 폐비시켜 빈으로 지위를 낮췄지요. 대신 인현 왕후를 다시 왕비로 삼았어요. 1694년 갑술년에 일어난 이 사건을 '갑술환국'이라고 해요. 갑술환국으로 권력은 다시 서인에게 넘어갔어요.

희빈 장씨에게 사약을 내렸어요

왕비의 자리에서 밀려난 장희빈은 아무도 몰래 신당을 꾸몄어요. 그러고는 인현 왕후를 저주하는 굿을 벌였지요. 때마침 오랫동안 병을 앓던 인현 왕후가 왕비로 돌아온 지 7년 만에 세상을 떠났어요. 숙원 최씨는 자신을 미워하는 장희빈이 다시 왕비가 될까 봐 걱정되었어요. 그래서 숙종에게 장희빈이 굿을 하며 인현 왕후를 저주했다고 일러바쳤어요. 숙종은 병문안 한 번 오지 않던 장희빈이 신당까지 차렸다는 것을 알고 크게 화가 났어요.

붕당 정치의 절정

이때 서인의 노론과 소론은 장희빈과 남인을 어떻게 처벌할 것인지를 놓고 크게 다투었어요. 노론은 강력하게 처벌해야 한다고 주장했고 소론은 세자의 앞날을 위해 장희빈을 용서해 달라고 간청했어요. 숙종은 노론의 편을 들어 장희빈에게 사약을 내렸어요. 소론은 귀양을 가거나 관직에서 쫓겨났지요. 무속 신앙에서 비롯되었다고 하여 '무고의 옥'이라고 부르는 이 사건으로 소론은 힘이 약해졌고 노론이 정권을 거머쥐었어요.

실록 배움터

〈조선왕조실록〉에 가장 많이 등장하는 인물은?

〈조선왕조실록〉에 가장 많이 나오는 인물은 누구일까요? 세종 대왕이나 이순신을 떠올린 이들이 많겠지만, 정답은 '송시열'이에요. 송시열은 〈조선왕조실록〉에 무려 3,000번 이상 등장한답니다. 제16대 임금 인조 때 처음 나오기 시작하여 붕당 정치가 절정에 이르렀던 현종과 숙종 때는 1,500번 이상 등장하지요.

송시열은 세상을 떠난 후에도 계속 거론되어 제25대 임금 철종 때까지 등장해요. 이렇게 송시열이 〈조선왕조실록〉에 자주 등장하는 것은 송시열을 둘러싼 논쟁이 그만큼 뜨거웠다는 뜻이지요.

송시열은 1607년, 충청도 옥천군에서 태어나 과거에 장원 급제했어요. 뛰어난 성리학자로, 훗날 효종이 된 봉림 대군을 가르쳤어요. 효종이 세상을 떠났을 때는 자의 대비가 1년 동안 상복을 입어야 한다고 주장했고 현종이 그 의견을 따르자 서인의 우두머리가 되었어요. 숙종 때는 유배를 가기도 했지만 경신환국으로 다시 돌아와 노론의 기둥이 되었지요. 1689년에 왕세자 책봉 시기가 너무 이르다고 반대하다 유배되어 사약을 받았어요. 송시열은 노론에 반대하는 남인을 철저하게 몰아내 미움을 받았으나 노론에서는 공자나 주자처럼 '송자'라 부르며 존경했어요. 그러다 보니 그를 둘러싼 논쟁이 더욱 치열했지요.

활발해지는 상업 활동

대동법을 실시했어요

가난한 백성에게 세금은 언제나 큰 부담이 되지요. 숙종 때는 공납이라는 세금이 백성들을 괴롭혔어요. '공납'은 백성이 그 지역에서 나는 특산품을 세금으로 내는 것이었어요. 이때 특산물이 그 지역에서 나지 않는 것이거나 생산되더라도 터무니없이 많은 양을 내야 하는 경우가 많았어요. 농민들이 세금을 내기 위해서는 어쩔 수 없이 중간 상인에게 몇 배의 돈을 주고 특산물을 사야 했지요.

붕당 정치의 절정

숙종은 이런 문제를 해결하기 위해 대동법을 실시했어요. 대동법은 공납을 특산물 대신 토지 면적에 따라 쌀로 내게 하는 것이었어요. 농사지을 땅을 많이 가진 농민은 쌀을 많이 내고 적게 가진 농민은 적게 내는 거예요. 그리고 땅이 없는 농민은 세금을 내지 않아도 되었어요. 이처럼 대동법은 농민들에게 세금 부담을 크게 줄여 주었지요. 그러나 시간이 흐르면서 땅을 가진 지주들이 소작농에게 세금을 떠넘기기 시작했고 농민들은 다시 세금에 시달리게 되었어요.

◆ 대동법은 광해군 때 경기도에서 처음으로 실시했어요.
★ 소작농 자기 땅이 없어 일정한 대가를 내고 남의 땅을 빌려 농사짓는 농민을 말해요.

43

상평통보를 발행했어요

대동법이 전국으로 확대되면서 조선 사회는 크게 변화했어요. 나라에서는 필요한 물건을 직접 사서 써야 했어요. 그러자 물건을 사고파는 거래가 활발해졌고 상업이 발달했어요. 숙종은 상평통보를 만들어 널리 사용하게 했어요. 상평통보는 구리로 만든 동그란 동전으로, 가운데 네모 모양의 구멍이 뚫렸지요. 상평통보는 '언제나 일정한 가치를 지니고 통용되는 화폐'라는 뜻이에요.

◆1633년 인조 때 상평청을 설치하여 상평통보 유통을 시도했다가 중지시켰어요.

붕당 정치의 절정

처음에 백성들은 동전을 사용할 줄 몰랐어요. 돈의 가치를 알지 못했기 때문이지요. 나라에서는 동전을 가져오면 옷감으로 바꿔 주는 등 적극적으로 돈의 가치를 알렸어요. 또한 돈으로 세금을 내게 하고, 시전 상인에게 돈을 빌려주어 물건을 사고파는 데 활용하게 하는 등 유통을 권장했어요. 이렇게 차츰 백성들은 상평통보를 사용하기 시작했고 널리 유통되었어요. 그런데 부자들이 재산을 축적하기 위해 집 안에 돈을 쌓아 두면서 유통이 되지 않아 문제가 생기기도 했답니다.

이앙법으로 벼농사를 지었어요

조선은 임진왜란과 병자호란을 겪으면서 농토가 황폐해졌어요. 게다가 농사지을 수 있는 인구마저 크게 줄었지요. 이런 상황에서 농사를 지으려면 힘은 적게 들고 수확량은 더 많아야 했어요. 농부들은 농사법을 바꿔 이앙법으로 벼농사를 지었어요. '이앙'은 '모(벼의 싹)를 옮긴다'는 뜻으로, 모내기를 말해요. 모판에서 벼의 싹을 틔워 적당하게 키운 다음 물 댄 논에 옮겨 심는 것이지요.

붕당 정치의 절정

이렇게 모내기를 하면 여러 가지 장점이 있었어요. 가지런히 줄을 맞춰 심기 때문에 볍씨를 직접 논에 뿌리는 직파법보다 김매기도 쉽고 시간도 덜 들었어요. 그리고 벼농사와 보리농사를 번갈아 짓는 이모작이 가능했어요. 가을에 추수가 끝나면 보리를 심고 이듬해 늦은 봄에 보리를 거둔 다음 그 논에 다시 모를 심을 수 있었지요.

★김매기 논밭의 잡초를 뽑는 일이에요.

상품 작물이 재배되었어요

밭농사를 짓는 방법도 바꾸었어요. 그전에는 주로 평평한 밭이나 이랑에 씨앗을 뿌렸어요. 그런데 이제는 땅을 깊게 파서 이랑을 높이 만든 다음 고랑에도 씨를 뿌렸어요. 주로 가을걷이가 끝난 다음 보리나 밀, 귀리 등을 심었는데 두둑한 이랑이 차가운 겨울바람을 막아 새싹을 보호했어요. 또 고랑은 이랑보다 습기가 많아 가뭄에도 잘 견뎠어요. 그뿐 아니라 땅의 거름기를 잘 흡수하여 농작물이 잘 자라게 했어요.

붕당 정치의 절정

이랑에는 습기를 싫어하는 작물을 심었어요. 봄에는 콩, 팥, 옥수수, 기장, 고추 등을 심어 거두어들이고, 늦여름에 다시 김장에 쓸 배추나 무를 심었어요. 이렇게 하니까 밭농사도 이모작이 가능했어요.

한편 인구가 많은 도회지 주변에서는 시장에 내다 팔기 위한 상품 작물이 재배되었어요. 쌀을 비롯한 곡식과 채소, 다른 나라에서 들여온 옥수수, 호박, 토마토, 고추, 고구마, 감자 등이 활발하게 거래되었지요. 이렇게 농사법이 발달하면서 수확량이 늘고 상품 작물을 재배하면서 시장이 활성화되었어요.

실록 배움터

끝내 안 잡힌 조선의 3대 의적, 장길산

숙종 시대는 조선 사회가 전쟁을 극복하고 안정을 찾아가는 시기였어요. 우선 전쟁으로 크게 줄었던 인구수가 늘었어요. 농민들은 황무지로 버려졌던 땅을 일구어 농사를 지었어요. 하지만 백성들의 생활은 여전히 힘들고 어려웠어요. 흉년이 들면 먹을 것이 없어 굶어 죽고 전염병이 돌면 병에 걸려 세상을 떠났어요. 그러다 보니 희망을 잃고 고향을 떠나 도적으로 살아가는 사람들이 생겨났어요.

홍길동, 임꺽정과 함께 조선의 3대 의적이라 불리는 장길산도 그중 한 명이었어요. 광대였던 장길산은 주로 황해도에서 활동했어요. 장길산이 이끄는 도적 무리가 극성을 부리자, 숙종은 황해도 감사에게 장길산을 잡아들이라고 명령했어요. 황해도 감사는 장길산의 은신처를 덮쳤지만 놓치고 말았어요.
그 뒤 장길산은 평안도 양덕에서 활동하다 사라졌어요. 또 몇 년 뒤에는 국경 지역인 함경도 두만강 입구에서도 나타났다 사라졌어요.
장길산은 끝까지 잡히지 않았던 도적으로 조선 역사에 이름을 남겼답니다.

국방과 군역 체제 정비

국방을 강화하고 백두산정계비를 세웠어요

숙종은 국방을 강화하는 정책을 펼쳤어요. 전쟁으로 부서진 성을 쌓고 성곽을 수리했지요. 먼저 한양을 지키는 데 군사적으로 중요한 요충지인 강화도에 돈대를 쌓았어요. 외적이 서해안을 통해 침입했을 때 강화도가 무너지면 한양까지 쳐들어오는 것은 시간문제였기 때문이지요. 그래서 강화도에 돈대를 쌓아 적의 침입과 공격에 대비했어요. 조선 시대에 강화도에 세워진 돈대는 숙종 때 52개, 영조 때 1개, 고종 때 1개, 모두 합해서 54개랍니다.

붕당 정치의 절정

또 국경을 지키는 데 중요한 지역인 대흥산성과 황룡산성 등을 고쳐 쌓고 도성을 수리했어요. 그리고 북한산성도 새로 쌓아서 남한산성과 함께 한양을 수비하게 했지요. 국경 지역에도 관심을 기울여 청나라와 자주 다툼이 일어나는 압록강 연안의 국경선 지역을 본격적으로 개발했어요. 또 백두산 일대를 놓고 청나라와 영토 분쟁이 일어나자, 1712년에 청나라와 협상하여 국경선을 확정하고 백두산정계비를 세웠어요.

오군영을 완성하고 군포 부담을 줄였어요

숙종은 군사 조직 개편에도 힘을 쏟았어요. 조선은 임진왜란을 계기로 훈련도감을 설치하고 군사들을 양성했어요. 훈련도감의 군사들은 일정한 급료를 받는 직업 군인이었어요. 그리고 어영청, 수어청, 총융청이 설치되어 필요에 따라 수도권 일대의 경비를 대신했지요. 숙종은 여기에 왕을 호위하고 수도 한양을 방위하는 금위영을 추가해 오군영 체제를 완성했어요.

붕당 정치의 절정

숙종은 백성들의 군포 부담에도 신경을 썼어요. 조선은 16세부터 60세까지 평민 남자에게 군역의 의무를 지게 했어요. 군대에 가지 않으려면 군포를 내야 했는데 이 군포가 백성들에게 엄청난 고통을 안겨 주었어요. 지방의 수령들이 군포를 더 걷기 위해 죽은 사람과 어린아이에게까지 군포를 징수하는 횡포를 부렸어요.

숙종은 이 문제를 해결하기 위해 양반과 평민 구별 없이 집마다 군포를 거둬들이는 호포제를 실시하려 했어요. 그러나 양반들이 거세게 반대해 1~4필 내던 군포를 2필로 통일하여 백성들의 부담을 줄여 주었어요.

실록 배움터

조선의 외교 사절단, 연행사와 통신사

임진왜란과 병자호란이 끝나고, 조선은 청나라와 일본에 외교 사절단을 보내 교류했어요. 연행사는 조선이 청나라에 보낸 사신이에요. 청나라의 수도인 연경에 가는 사신이라는 뜻이지요. 연행사로 청나라에 가는 인원은 사신과 수행원을 포함해 수백 명이었어요. 한양을 떠나 압록강을 건너 연경에 이르렀는데, 두 달이 넘게 걸렸지요.

연행사는 연경에 도착해 먼저 청나라 황제를 만나는 등 공식적인 외교 업무를 보았어요. 그리고 청나라 학자와 서양 선교사들을 만났지요. 이때 새로운 학문과 기술을 접하고 각종 책과 도구들을 사 가지고 돌아왔어요.
통신사는 조선이 일본에 보낸 정식 사절단이에요. 사절단의 인원 역시 대규모였지요. 통신사는 대마도를 거쳐 당시 일본의 수도였던 에도로 향했어요. 통신사가 지나가면 각 지역의 영주들은 크게 환영했어요. 또 일본 사람들은 조선 사절의 글을 받으려고 그들이 묵는 여관으로 몰려들기도 했어요. 이렇게 통신사로 일본에 다녀온 사람들은 일본에서 보고 듣고 알게 된 일본의 문화와 학문, 기술들을 조선에 전했답니다.

울릉도를 지켜 낸 안용복

일본 어부들이 고기를 잡았어요

조선은 건국 초부터 육지에서 멀리 떨어진 섬에는 사람이 살지 못하게 했어요. 죄를 짓거나 세금을 피해 도망쳐도 정부가 관리할 수 없었기 때문이지요. 울릉도와 독도 역시 그런 섬들 가운데 하나였는데 세종 때부터는 아무도 살지 않았지요.

1693년, 경상도 동래에 사는 안용복이 어부 40여 명과 함께 울릉도에 고기를 잡으러 갔어요. 그런데 일본 어부들이 자기네 바다인 양 물고기를 잡고 있었어요.

붕당 정치의 절정

마침 일본어를 할 줄 알았던 안용복이 일본 어부들을 야단쳤어요.
"울릉도는 조선 땅인데, 어찌 너희가 여기서 물고기를 잡고 있느냐?"
일본 어부들은 당황하면서도 일본 정부의 허가증이 있다고 따졌어요.
"무슨 말이오. 여기는 일본 땅이오. 우리는 아주 오래전부터 여기서
물고기를 잡고 전복도 따서 먹고 살아왔소."
안용복은 일본 어부들과 조업권을 놓고 실랑이를 벌이다가 일본 땅까지
끌려갔어요.

쓰시마섬 도주가 누명을 씌웠어요

안용복은 호키슈의 태수를 만나 강력하게 항의했어요.

"울릉도는 조선 땅이오. 사람이 살지 않는다고 허락도 없이 들어와서 물고기를 잡아 가는 건 절대 안 되오. 다시는 이런 일이 없도록 울릉도가 조선 땅임을 인정하는 문서를 써 주시오. 그렇지 않으면 조선으로 돌아가 조정에 보고하겠소."

호키슈의 태수는 일본 정부에 보고하여 울릉도가 조선 땅임을 인정하는 문서를 써 주었어요.

붕당 정치의 절정

그런데 돌아오는 길에 문제가 생겼어요. 쓰시마섬 도주★가 일본이 써 준 문서를 빼앗고 안용복을 감옥에 가두었어요. 그 문서가 조선으로 넘어가면 예전처럼 울릉도에서 물고기를 잡을 수 없었기 때문이지요. 쓰시마섬 도주는 안용복이 일본 죽도에 들어왔다고 누명을 씌워서 조선으로 돌려보냈어요. 처음에 동래 부사는 쓰시마섬 도주의 말만 믿고 안용복을 감옥에 가두었지요. 그러나 쓰시마섬 도주가 말한 일본 죽도가 울릉도였다는 것을 알고는 울릉도가 조선 땅임을 분명히 밝혔어요. 그리고 다시는 일본 어부들이 들어오지 못하게 했지요.

★**도주** 섬의 주인을 이르는 말이에요.

일본의 공식 문서를 받았어요

동래 감옥에 갇혔던 안용복은 석 달 만에 풀려났어요. 그런데 일본 어부들이 여전히 울릉도와 독도에서 물고기를 잡는다는 소식이 들려왔어요.

1696년, 안용복은 다시 울릉도로 향했어요. 울릉도에서는 예상대로 일본 어부들이 고기를 잡고 있었지요.

"우리는 송도에 사는 사람들인데, 고기를 잡다 보니 여기까지 오게 되었소. 이제 돌아갈 것이오."

일본 어부들의 변명에 안용복이 호통을 쳤어요.

"송도는 우리 조선의 땅인 독도다. 그런데 어찌 너희가 거기에 산다고 거짓말을 하느냐?"

안용복은 일본 어부들의 배를 뒤쫓다 오키섬에 이르렀어요. 그리고 미리 준비한 관복을 입고 오키섬의 도주를 만났지요.

"나는 조선 땅 울릉도와 독도를 지키는 감독관이다! 3년 전에도 이곳에 와서 울릉도와 독도가 조선 땅임을 분명히 했는데, 왜 약속을 어기고 물고기를 잡아 가느냐?"

오키섬 도주는 조선에서 온 사신에 대한 예의를 갖추고 다시는 울릉도와 독도에 들어가지 않겠다고 약속했어요. 안용복은 울릉도가 조선의 땅임을 인정한다는 일본의 공식 문서를 받아 냈어요.

법을 어겼다고 벌을 받았어요

그러나 조선에 돌아온 안용복은 법에 따라 처벌받아야 했어요. 당시 조선의 법은 나라의 허가를 받지 않으면 국경을 넘을 수 없도록 했거든요. 만약 법을 어겼다간 큰 벌을 받았지요. 조선 조정은 안용복을 한양으로 압송해 조사했어요.

"왜 국경을 넘어 일본에 갔느냐?"

"저는 단지 우리 땅 울릉도와 독도를 지키고 싶었을 뿐입니다."

숙종은 신하들에게 어떻게 처리하면 좋을지 의견을 물었어요. 신하들은 강력한 처벌을 원했어요.

붕당 정치의 절정

"허가도 없이 일본으로 건너가 감독관까지 사칭했습니다. 죽여 마땅합니다."
그러나 반대하는 신하도 있었어요.
"만약 안용복을 죽이면 울릉도와 독도가 자기네 땅이라는 일본의 주장을 인정하는 꼴이 됩니다. 그렇게 되면 일본은 마음 놓고 울릉도와 독도에 들어와 물고기를 잡아 갈 것입니다."
결국 숙종은 안용복을 귀양 보냈어요. 그 뒤로 안용복이 어떻게 되었는지는 기록되지 않았어요. 그 후 조선에서는 2~3년에 한 번씩 수토사를 보내 울릉도와 독도를 관리하게 했어요.

★**수토사** 울릉도와 독도를 순찰하던 조선의 군대로, 섬에 침입한 일본인을 토벌했어요.

그를 죽이면 일본이 자기 땅이라 할 것이옵니다.

흠~

실록 배움터

이름이 비어 있는 임명장, 공명첩

임진왜란과 병자호란은 조선을 쑥대밭으로 만들었어요. 많은 것이 무너지고 부서졌지요. 하지만 조선에는 피해를 복구할 돈이 없었어요. 나라에서는 이 돈을 마련하기 위해 관직 장사를 했어요. 나라에 돈이나 곡식을 바치는 사람에게 공명첩을 내려 준 것이지요. '공명첩'은 빌 공(空), 이름 명(名), 문서 첩(帖)으로, 이름을 비워 둔 벼슬 문서란 뜻이에요. 이렇게 공명첩을 받은 사람은 실무를 보지 않고 관직의 명예를 가졌어요.

숙종은 엄청나게 많은 공명첩을 발행했어요. 1690년에는 나라에 흉년이 들자 공명첩을 무려 2만여 장이나 만들어 팔도에 나누어 팔도록 했어요. 이렇게 왕위에 있는 내내 해마다 수백 장에서 수천 장에 이르는 공명첩을 발행했어요. 그래서 백성들은 평민이나 노비나 가릴 것 없이 돈만 있으면 공명첩을 사서 양반이 되었지요. 그러나 공명첩은 실제 관직이 아니었기 때문에 자손이나 가문에 큰 영향을 끼치지는 못했어요.

당쟁에 시달린 경종

연잉군을 왕세제로 삼았어요

1720년, 숙종이 세상을 떠나고 그 뒤를 이어 경종이 왕위에 올랐어요. 경종은 희빈 장씨의 아들로, 세 살에 세자가 되었어요. 그리고 열네 살에 어머니 희빈 장씨가 사약을 받고 세상을 떠났지요. 경종이 왕위에 올랐을 당시에는 노론이 정권을 잡고 있었어요. 노론은 숙빈 최씨가 낳은 연잉군을 지지했어요. 그래서 경종이 몸이 허약하고 아들이 없다는 이유를 들어 서둘러 동생 연잉군을 왕세제로 정해야 한다고 주장했어요.

붕당 정치의 절정

노론과 반대로 소론은 경종을 지지했어요. 그래서 경종이 왕위에 오른 지 얼마 되지도 않았는데, 왕세제를 정하는 것은 너무 이르다고 주장했어요. 경종은 힘에 밀려 노론의 주장을 받아들여 연잉군을 왕세제로 삼았어요. 그러자 노론은 연잉군의 대리청정을 주장했어요. 이것은 경종에게 정치에서 손을 떼라는 말과 같았어요. 하지만 병중이던 경종은 대리청정을 받아들였어요. 소론은 크게 반발했고 경종은 다시 대리청정을 거둬들였어요. 이후 경종은 세제 대리청정을 받아들였다가, 내치기를 반복했어요.

★왕세제 왕위를 이을 왕의 아우를 말해요.

신임사화가 일어났어요

노론과 소론은 왕세제의 대리청정 문제를 놓고 크게 충돌했어요. 소론의 우두머리 김일경 등은 세제 대리청정을 요구했던 노론의 사대신을 '왕을 바꾸려고 한 역모자'라고 공격하는 상소를 올렸어요. 이 상소로 노론의 사대신이 유배되고 소론이 정권을 잡았어요.

이듬해 1722년, 소론은 역모자인 노론을 더욱 강력하게 처벌해야 한다고 주장했어요. 그때 남인 목호룡이라는 사람이 '경종이 왕위에 오르기 직전에 노론이 경종을 죽이고 연잉군을 왕으로 세우려 했다'고 고발했어요.

곧 국청*이 설치되고 관련자들을 잡아들였어요. 연잉군도 목숨이 위태로운 상황이었어요. 역적으로 몰리면 꼼짝없이 죽음을 맞이할 수밖에 없었거든요. 다행히 경종이 보호하여 목숨은 건졌지만 한순간도 방심할 수 없었어요. 이때 노론의 사대신을 비롯하여 200여 명이 처벌을 받았어요. 이 대대적인 옥사가 1721년 신축년과 1722년 임인년에 일어나서 '신임사화'라고도 하고, 또 임인년에 주로 일어나서 '임인옥사'라고도 하지요.

★국청 역적 등의 죄인을 신문하기 위해 설치했던 임시 관아예요.

실록 놀이터

숙종은 붕당 정치를 이용해 왕권을 강화하고 전쟁으로 혼란스러워진 사회 질서를 바로잡으려고 애썼어요. 다음 그림을 보고 숙종이 한 일이 아닌 것을 두 개 골라 네모 칸에 V해 보세요.

경신환국으로 서인이 권력을 독차지했어요.

기사환국으로 남인이 권력을 잡았어요.

대동법으로 농민들은 세금 부담이 크게 늘었어요.

이앙법으로 농사를 지어 수확량을 늘렸어요.

오군영 체제를 완성해 군포 부담이 높아졌어요.

영조는 조선 시대 왕 중에 가장 오래 살고 가장 오랫동안 왕위에 있었어요. 여든세 살까지 살았고 52년 동안 왕위에 있으면서 많은 업적을 남겼지요. 무엇보다 붕당의 폐해를 없애려고 탕평책을 실시했어요. 탕평책으로 당파에 치우치지 않고 인재를 고루 등용하여 정치를 안정시켰어요. 이때 실학이 일어나 사회 전반에 새로운 바람을 불러일으켰어요. 또 균역법 등 백성을 위한 정책을 적극적으로 펼쳐 조선 후기의 경제와 문화를 크게 발전시켰지요.

탕평의 시대를 열다!

탕평책을 실시한 영조

영조가 왕이 되었어요

경종이 왕위에 올랐을 때 노론은 숨을 죽였어요. 경종의 어머니 희빈 장씨에게 사약을 내리라고 주장했기 때문이지요. 노론은 몸이 약한 경종이 죽으면 연잉군을 다음 왕으로 삼을 계획이었어요. 경종이 이것을 알고 불같이 화를 내며 노론의 대신들을 내쫓았어요. 기회를 잡은 소론은 연잉군을 죽이려고 들었어요. 위기의 순간 경종이 갑작스럽게 세상을 떠났어요.

탕평의 시대를 열다!

왕세제였던 연잉군은 가까스로 목숨을 건졌고 1724년에 왕위에 올랐지요. 그가 바로 조선의 제21대 임금 영조예요. 영조는 숙종과 숙빈 최씨 사이에서 태어났어요. 숙빈 최씨는 궁중에서 허드렛일을 하던 무수리 출신이었어요. 영조에게는 어머니의 천한 신분이 꼬리표처럼 따라다녔어요. 그러다 보니 아무도 영조가 왕이 되리라고 생각하지 않았어요. 이런 영조를 노론이 지지하고 나선 것이지요.

이인좌의 난이 일어났어요

소론은 경종의 죽음에 의혹을 제기했어요. 영조가 경종을 독살하고 왕위를 빼앗았다고 주장했지요. 노론은 영조를 죽이려 했던 소론을 처벌해야 한다고 맞섰어요. 영조는 노론과 소론 어느 편도 들고 싶지 않았어요.
그러나 영조는 노론의 지지를 받아 왕이 되었기 때문에 노론의 눈치를 안 볼 수 없었어요. 영조는 수많은 노론 대신들이 처형되었던 신임사화의 책임을 물어 소론의 김일경과 남인의 목호룡 등을 참수하고 소론을 관직에서 내쫓았어요. 조정은 다시 노론이 장악했지요.

탕평의 시대를 열다!

그러자 권력에서 밀려난 소론과 남인 일파가 힘을 합쳐 난을 일으켰어요. 이인좌가 중심이 되어 난을 이끌었기 때문에 '이인좌의 난'이라고 부르지요. 이인좌는 청주성을 점령하고 각 고을에 격문을 보내 병사와 말을 모집했어요. 그러나 계획대로 실행이 되지 않았고 결국 난은 실패로 돌아갔어요. 소론은 난을 평정하는 데 앞장섰지만 주모자 대부분이 소론이었기 때문에 이후 큰 힘은 가질 수 없었어요.

탕평책을 실시했어요

영조는 이인좌의 난을 계기로 '탕평책'을 실시했어요. 탕평은 '탕탕평평(蕩蕩平平)'을 줄여서 부르는 말로, 어느 한쪽 편이나 한쪽 당에 치우치지 않고 무리를 짓지 않아야 정치가 넓고 고르게 펼쳐진다는 뜻이에요. 영조는 노론과 소론의 우두머리를 불러 서로의 손을 잡게 하고 화해를 권했어요. 이렇게 해도 따르지 않는 신하들은 조정에서 내쫓았지요.

또한 노론을 영의정에 앉히면 소론을 좌의정에 앉혀 서로를 견제하게
했어요. 그리고 이조 판서에 노론을 등용하면 그 밑의 참판, 참의는 소론을
등용하고 그 아래 정랑에는 다시 노론을 선발했어요. 이런 식으로
벼슬자리마다 노론과 소론의 숫자를 맞춰 붕당 간의 다툼을 막았어요.
탕평책으로 정치가 안정되자 재능에 따라 인재를 골고루 등용했지요.

실록 배움터

탕평책을 알리는 탕평비를 세우다!

영조는 붕당 간의 싸움을 그 누구보다 싫어했어요. 노론과 소론의 붕당 다툼으로 목숨을 잃을 뻔했기 때문이지요. 반드시 붕당 정치를 뿌리 뽑아야 백성을 위한 정치를 펼쳐 나갈 수 있었어요. 그러기 위해서는 권력이 어느 한쪽으로 쏠려서는 안 되었지요. 영조는 권력이 나오는 벼슬자리를 각 당파에서 골고루 뽑는 탕평책을 실시했어요. 그리고 이 탕평책을 널리 알리기 위해 직접 글을 쓰고 그 글을 비석에 새겨 성균관 입구에 세워 놓았어요.

"남과 두루 친하되 편을 가르지 않는 것이 어진 이의 공정한 마음이요, 편만 가르고 남과 두루 친하게 지내지 못하는 것은 어질지 못한 이의 사사로운 마음이다."

이처럼 탕평비에는 장차 나라를 이끌어 갈 유생들에게 전하는 영조의 당부가 담겨 있었어요. 서로 편을 갈라 싸우지 말고, 두루두루 친하게 지내라고 간곡하게 이야기했던 것이지요.

백성을 위한 정치

🚫 사 치

근검절약을 실천했어요

영조는 왕이 된 다음에도 무척 검소하고 소박하게 생활했어요. 새 옷이나 비단옷 대신 백성들이 입는 무명옷을 좋아했고 고기나 생선보다는 나물과 김치, 고추장 등을 즐겨 먹었어요. 또 하루 다섯 번 하던 식사를 굶주리는 백성을 생각하며 세 번으로 줄였지요. 이렇게 영조는 왕실과 신하들에게 스스로 모범을 보이면서 당시 양반 사회에 널리 퍼져 있던 사치 풍조를 없애려고 노력했어요.

탕평의 시대를 열다!

그중 하나가 가체 금지령이었어요. 가체는 여자들이 머리를 꾸미기 위해 올리는 가짜 머리예요. 보통 옥이나 비취 같은 보석으로 장식했기 때문에 값이 매우 비쌌어요. 좋은 가체는 집 한 채 값과 맞먹을 정도였지요. 영조는 왕비를 비롯한 여인들에게 가체 대신 비녀를 꽂아 쪽 찐 머리를 하게 했어요. 또 금주령을 내려 술을 마시지 못하게 했어요. 흉년으로 먹을 것도 없는데 술을 빚어 마시는 것은 곡식을 낭비하는 일이라고 했지요. 만약 명령을 어기고 술을 빚거나 마시면 벼슬을 빼앗고 큰 벌을 내렸어요.

균역법을 실시했어요

정치를 안정시킨 영조는 적극적으로 백성을 위한 정치를 펼쳐 나갔어요. 먼저 균역법을 실시하여 백성들의 부담을 줄였어요. 조선 시대에는 16세부터 60세 이하의 평민 남자들에게 군역의 의무가 있었어요. 군역은 군사가 되어 나라를 지키는 일이었지요. 하지만 이들은 먹고살기 위해 농사도 지어야 했기 때문에 나라에서는 군역 대신 군포 2필을 세금으로 내게 했어요. 그런데 이 군포가 백성들에게는 엄청나게 큰 부담이었지요. 특히 한집에 남자가 여럿일 경우에는 그 부담이 더욱 커졌어요.

탕평의 시대를 열다!

게다가 군역의 의무는 평민에게만 있었어요. 일부 돈 많은 평민은 돈을 주고 관직이나 양반의 신분을 사서 군역을 피했어요. 돈이 없으면 군역을 피하려고 아예 노비가 되기도 했지요. 당연히 걷히는 군포의 양이 줄었고 관리들은 모자란 군포를 채우기 위해 어린아이나 노인에게도 군포를 물렸어요. 심지어는 도망간 이웃이나 친척의 군포까지 대신 내게 했어요. 영조는 이런 문제를 해결하기 위해 군포를 1년에 2필에서 1필만 내게 하는 균역법을 실시했어요.

신문고를 설치하고 잔혹한 형벌을 없앴어요

신문고는 백성이 억울한 일을 당했을 때 치게 했던 북이었어요. 억울한 일을 당한 백성이 궁궐 앞에 설치된 북을 치면 왕이 직접 백성의 사연을 듣고 해결에 나섰지요. 영조는 연산군 때 폐지되었던 신문고를 다시 궁궐 앞에 설치하고 백성들의 목소리를 생생하게 들으려고 했어요.
그뿐 아니라 궁궐 밖으로도 자주 나가 백성들의 생활 모습을 살피고 그들의 이야기에 귀를 기울였지요.

탕평의 시대를 열다!

또한 영조는 죄인에게 내리는 형벌에도 신경을 썼어요. 당시 가장 잔인하고 고통스러운 형벌은 압슬형과 낙형이었어요. 압슬형은 죄인을 무릎 꿇게 하고 그 위에 무거운 돌을 얹어서 고통을 주는 형벌이었어요. 낙형은 불에 벌겋게 달군 쇠꼬챙이로 죄인의 몸을 지지는 형벌이었지요. 영조는 이런 가혹하고 잔인한 형벌을 모두 없앴어요. 그리고 살인 같은 큰 죄를 지은 사람도 세 번 재판을 받게 하여 억울함이 없도록 했어요.

다양한 책을 펴냈어요

학문을 좋아했던 영조는 문화 사업과 학술 사업에도 힘을 쏟았어요. 인쇄술을 개량하여 많은 책을 펴냈는데 필요한 책은 널리 반포시켜 일반 백성들도 볼 수 있게 했지요. 먼저 앞서 출판되었던 책을 당시 실정에 맞게 재정비하여 속편을 편찬했어요. 조선을 다스리는 기본 법전인 〈경국대전〉을 〈속대전〉으로, 조선 전기의 의례서인 〈국조오례의〉를 〈국조속오례의〉로, 병법서인 〈병장도설〉을 〈속병장도설〉로 다시 펴냈어요.

탕평의 시대를 열다!

영조는 '해동지도'와 '동국대지도'를 만드는 등 우리나라 지도와 지리지 편찬에도 관심을 기울였어요. 지리지에는 산과 들, 강과 바다 등 자연환경을 비롯하여 각 지역의 역사, 인물, 생산물, 교통 등 나라를 다스리는 데 필요한 각종 정보가 담겨 있어요. 이렇게 만들어진 지도와 지리지는 훗날 김정호가 '대동여지도'를 만들 때 중요한 자료로 활용되었어요. 그리고 각종 문물을 비교하여 우리나라 최초의 백과사전인 〈동국문헌비고〉를 펴냈어요.

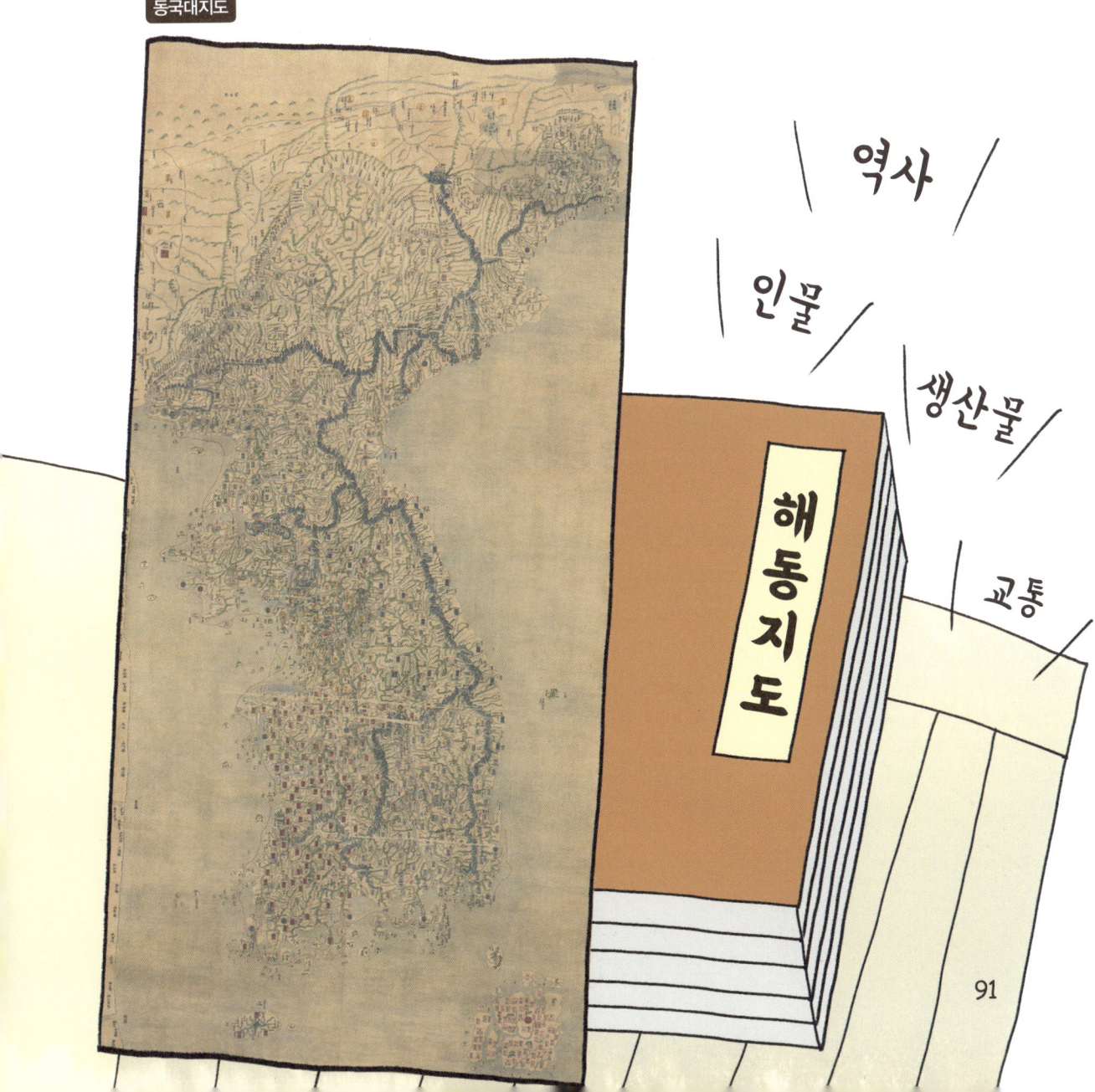

청계천 준설 공사를 했어요

청계천은 서울 시내 한가운데를 흐르는 하천이에요. 그런데 여름에 비만 오면 청계천에는 물난리가 났어요. 청계천 바닥에 흙이 쌓여 비가 조금만 와도 물이 넘쳤지요. 게다가 청계천 주변에 사는 사람들이 늘어나면서 오물이 쌓여 매우 지저분했어요. 물난리가 나면 주변 사람들의 고통은 말할 것도 없고 악취 등 위생에도 큰 문제가 생겼어요. 영조는 이 문제를 해결하기 위해 청계천 준설 공사를 벌였어요.

탕평의 시대를 열다!

우선 바닥에 쌓인 흙을 퍼내고 개천가에 제방을 쌓았어요. 이때 한꺼번에 수많은 사람을 동원하여 공사 기간을 단축했어요. 청계천 준천 공사는 57일 만에 끝났는데, 모두 21만 5천여 명의 백성이 동원되었어요. 그중 일자리가 없는 백성 6만 3천여 명에게 품삯을 주었어요.
공사가 끝나자 영조는 책임자에게 몇 년이나 버틸 것 같은지 물었어요. 그러자 책임자는 자신 있게 대답했어요.
"100년은 갈 것입니다."

실록 배움터

어사 박문수는 어떤 일을 했을까?

박문수는 영조 때 관리로 당파를 떠나 나라와 백성을 위해 일했어요. 영조에게는 바른말을 하는 강직한 신하였고, 백성들에게는 탐관오리의 비리를 용서치 않는 '암행어사'로 널리 알려졌어요.
그러나 박문수가 어사로 파견되었던 것은 네 차례뿐이었어요. 그런데 왜 박문수 앞에는 암행어사라는 말이 따라다니는 걸까요?
조선 시대 암행어사는 지방 관리들의 행동과 백성들의 생활을 알아보기 위해 왕이 자신을 대신해서 몰래 보낸 관리였어요.

암행어사 출두요~!

마패

암행어사는 각 고을을 돌아다니며 못된 관리들을 혼내 주고, 어려움에 빠진 백성을 돕고 억울한 사연을 풀어 주었지요. 박문수는 영남 지방에 어사로 파견되어, 억울한 백성의 사연을 뛰어난 능력과 기지로 통쾌하게 해결해 주었어요. 또 극심한 흉년으로 백성들이 고통받는 모습을 보고는 자신이 가지고 있던 곡식을 굶주린 백성들을 위해 내놓기도 했어요.
이런 박문수의 정의로운 행동이 사람들의 입에서 입으로 전해지면서 '암행어사 박문수' 이야기가 되었고 많은 사람의 사랑을 받았답니다.

탕평의 희생양 사도 세자

아버지가 무서웠어요

영조는 첫째 아들 효장 세자를 잃고 마흔두 살에 다시 아들을 얻었어요.
그 귀한 아들이 바로 사도 세자였어요. 사도 세자는 세 살 때부터 글을 읽고
글씨를 썼을 정도로 똑똑했어요. 영조는 이런 사도 세자를 몹시 아끼고
사랑했어요. 장차 자신의 뒤를 이어 훌륭한 임금으로 성장하길 바랐지요.
그러나 사도 세자는 자라면서 영조의 기대를 저버렸어요. 학문에 힘쓰기보다
칼싸움이나 활쏘기와 같은 무예에 더 많은 관심을 기울였지요.

탕평의 시대를 열다!

실망한 영조는 사도 세자를 자꾸 꾸짖었어요. 작은 일에도 크게 화를 내고 날씨만 흐려도 사도 세자 탓을 했어요. 사도 세자는 그런 아버지가 무서웠어요. 또 꾸중을 들을까 봐 가슴이 뛰고 겁이 났지요. 영조는 그런 사도 세자에게 건강상의 이유를 들어 대리청정을 시켰어요.

사도 세자는 경험이 부족했기 때문에 일을 잘하지 못했어요. 그때마다 영조는 불같이 화를 냈고 사도 세자는 벌벌 떨며 죄를 빌어야 했어요. 이런 일들이 잦아지면서 세자는 아버지를 점점 더 두려워하게 되었어요.

아... 아바마마.

노론의 미움을 받았어요

한편 사도 세자가 대리청정을 하면서 붕당 간의 경쟁이 더욱 심해졌어요. 정권을 쥐고 있던 노론은 아버지 영조를 지지했고 정권을 잡아야 하는 소론과 남인, 북인은 아들 사도 세자를 지지했어요. 이런 가운데 사도 세자는 소론과 가까이 지내며 가끔은 노론을 비판하기도 했어요.

노론은 이런 사도 세자가 미웠어요. 만약 사도 세자가 왕위에 오르면 정권 밖으로 밀려날 수밖에 없었지요. 노론의 대신들은 어떻게 해서든 사도 세자가 왕이 되는 것을 막아야겠다고 결심했어요.

탕평의 시대를 열다!

영조의 두 번째 왕비 정순 왕후는 사도 세자의 사소한 잘못을 부풀려서 영조에게 전했어요. 영조의 후궁이었던 숙의 문씨도 노론의 편이 되어 사도 세자의 나쁜 소문을 낱낱이 일러바쳤어요. 영조는 더욱 심하게 사도 세자를 야단쳤고, 사도 세자는 불안 증세를 보이기 시작했어요. 발작이 일어나면 내관과 궁녀들을 마구 죽이기까지 했지요. 궁을 몰래 빠져나가 20여 일 동안이나 평안도를 여행하고 돌아오기도 했어요.

이 일로 영조는 대리청정을 거두고 사도 세자와 함께 여행했던 신하들을 모두 처벌했어요.

사도 세자가 뒤주에 갇혀 죽었어요

그러던 어느 날, 노론이 나경언이란 사람을 시켜 영조에게 상소문을 올리게 했어요. 나경언은 사도 세자가 잘못한 행동 열 가지를 적어 영조에게 바쳤어요. 사도 세자가 영조의 후궁을 죽이고 여자 승려를 궁에 불러들이고 상인들에게 진 빚을 갚지 않았으며 평안도를 몰래 여행하고 돌아왔다는 등의 내용이었지요. 평소 사도 세자를 불신했던 영조는 왕실과 나라의 앞날을 위해서라도 사도 세자를 그냥 둘 수 없다고 판단했어요.

탕평의 시대를 열다!

영조는 사도 세자에게 스스로 목숨을 끊으라고 했어요. 사도 세자가 명령을 듣지 않자 그를 뒤주 속에 가두고 자물쇠를 채웠어요. 뒤주 속에 갇힌 사도 세자는 8일 만에 처참하게 세상을 떠났어요. 그때 사도 세자의 나이는 스물여덟 살이었지요. 세자가 죽자 영조는 세자의 죽음을 안타깝게 여긴다는 뜻에서 '사도'라는 이름을 내려 주었어요. 사도 세자가 세상을 떠난 뒤 궁궐 밖으로 쫓아냈던 세자빈과 세손을 다시 불러들였어요. 그 뒤 사도 세자가 뒤주에 갇혀 죽은 일은 아무도 입에 올릴 수 없었지요.

실록 배움터

혜경궁 홍씨가 쓴 눈물의 자서전, 〈한중록〉

〈한중록〉은 사도 세자의 부인이자 정조의 어머니인 혜경궁 홍씨가 쓴 책이에요. 회갑연을 맞이한 예순한 살부터 쓰기 시작하여 일흔 살이 되던 해까지 10여 년 동안 네 차례에 걸쳐 자신의 일생을 기록했어요. 여기에는 남편 사도 세자의 죽음에 얽힌 이야기, 아들 정조가 왕위에 오르기까지의 과정, 친정집 식구들이 겪어야 했던 불행한 정치적 사건 등이 세세하게 담겼어요. 궁궐에 살면서 자신이 직접 지켜본 조선 왕실의 모습을 생생하게 기록했어요.

책 곳곳에는 60여 년 동안 가슴에 묻어 두었던 억울하고 원통한 심정들이 절절하게 들어 있어요. 그래서 책 제목도 한 가지가 아니에요. 설움과 한의 기록이라는 뜻으로 〈한중록〉, 궁궐 여인이 한가롭게 쓴 이야기라는 의미로 〈한중만록〉, 피눈물을 흘리며 쓴 기록이라는 뜻으로 〈읍혈록〉이라 부르기도 하지요.

〈한중록〉은 조선 시대 궁중 문학을 대표하는 작품이에요. 우리는 〈한중록〉을 통해 우아하고 품위 있는 궁중 용어는 물론이고, 당시의 궁중 풍속 등을 자세하게 알 수 있답니다.

내 피, 땀, 눈물을 다 담았지.

읍혈록

한중만록

실학의 등장

실용적인 학문이 필요했어요

농업과 상업이 발달하면서 조선 사회는 빠르게 변화했어요. 양반 중심의 신분 질서가 무너지고 부자와 가난한 사람으로 나뉘었지요. 재물을 많이 모은 농민은 부자가 되었지만 그렇지 못한 대다수 농민은 더욱 가난해져 살기가 어려웠어요. 하지만 당시 지배층의 학문인 성리학은 이런 사회 문제를 해결할 수 없었어요. 오히려 현실과 동떨어진 이념 논쟁으로 백성들의 생활은 뒷전으로 밀려나기 일쑤였지요.

탕평의 시대를 열다!

그러자 성리학자들 사이에서 개혁이 필요하다는 목소리가 높아졌어요.
"학문은 쓸모가 있어야 합니다. 이론보다 우리가 살아가는 현실이 먼저지요."
이들은 정통성과 명분만 따지는 성리학을 비판했어요. 그리고 백성들의 실생활에 필요한 것이 무엇인지를 고민했지요. 이렇게 실용적이고 실천적인 학문을 '실학'이라 하고, 실학을 연구하는 사람을 '실학자'라고 불러요.

유형원과 이익은 실학의 선구자였어요

실학자들은 당시 조선의 문제점을 파악하고 잘못된 사회를 바꾸기 위해 정치, 경제, 사회 등 여러 분야에 걸쳐 개혁이 필요하다고 주장했어요. 초기 실학자인 유형원은 벼슬길에 나아가지 않고 전라북도 부안에서 학문에 몰두했어요. 가까이에서 지켜본 농민들의 생활은 처참하기 이를 데 없었지요. 유형원은 이 경험을 바탕으로 토지 제도 개혁 등의 정책을 담은 〈반계수록〉을 썼어요. 유형원의 실학사상은 이익과 정약용으로 이어지면서 더욱 발전하였어요.

반계수록

이익은 영조 때 남인 실학자로, 유형원의 뒤를 이어 농업 중심의 개혁론을 발전시켰어요. 형 이잠이 숙종 때 당쟁으로 희생된 후 벼슬에 뜻을 버리고 평생 경기도 안산에 살면서 학문에 전념했어요. 직접 농사를 지으며 가난하게 살았지만 많은 제자를 길러 냈지요. 조선 후기 최고의 역사책인 〈동사강목〉을 쓴 안정복, 〈택리지〉를 쓴 이중환, 남인으로 정승에 오른 채제공, 천주교를 받아들였다가 화를 당한 이가환, 정약용 등이 이익에게 가르침을 받았어요. 이익은 〈성호사설〉 등 100여 권의 책을 썼고 천문, 지리, 역사, 의약 등에 큰 업적을 남겼어요.

국학 연구가 활발해졌어요

실학이 유행하면서 자연스럽게 우리 것에 대한 학자들의 관심이 높아졌어요. 그전의 성리학자들은 중국을 섬기면서 우리 것을 대수롭지 않게 여겼어요. 실학자들은 이런 중국 중심의 사고방식에서 벗어나야 한다고 생각했어요. 그래서 중국이 아닌 조선의 역사와 지리, 전통, 문화 등을 연구하기 시작했지요. 이런 학문을 '국학'이라고 하는데, 국학 연구를 활발하게 한 학자들이 대부분 이익의 제자들이었어요. 그중 안정복은 고조선부터 고려 말기까지 우리나라의 역사를 연구하여 〈동사강목〉이라는 역사책을 펴냈어요.

탕평의 시대를 열다!

안정복은 책을 쓰기 전에 스승인 이익과 수많은 토론을 거쳤으며 책을 쓰면서 의문이 생기면 편지를 주고받았어요. 이런 과정을 통해 초고를 쓴 지 20여 년 만에 〈동사강목〉을 완성했어요.
또 이중환은 전국을 다니며 〈택리지〉를 썼어요. 〈택리지〉는 인간과 자연환경과의 관계를 다룬 우리나라 최초의 인문 지리책으로, 지금도 조선 시대 문화 연구에 중요한 자료로 쓰이고 있어요.

홍대용이 천문학을 연구했어요

홍대용은 청나라의 앞선 문물에 관심이 많았어요. 그러다 사절단을 따라 청나라에 가게 되었어요. 이때 홍대용은 청나라 학자들을 만나 유학을 비롯하여 역사, 종교, 풍속 등에 관해 집중적으로 토론했어요. 그리고 청나라의 국립 천문대를 찾아갔어요. 천문대에서 홍대용의 눈길을 끈 것은 관상대였어요.

하지만 관상대의 내부는 외부인에게 공개되지 않았어요. 홍대용은 밤을 새우며 그곳 관리에게 부탁해 관상대 안으로 들어갔어요. 거기에는 중국의 천체 관측기구는 물론이고 유럽에서 들여온 기구들도 많았어요.

탕평의 시대를 열다!

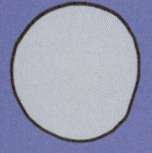

조선으로 돌아온 홍대용은 청나라에서 보고 들은 것들을 바탕으로
〈의산문답〉이라는 책을 썼어요.
"지구는 둥글고 끊임없이 돌고 있어. 인간도 자연 속에서 살아가는 하나의
생명체일 뿐이야. 중국은 세계의 중심이 아니고 우주는 무한해."
당시 이런 홍대용의 사상과 과학관은 매우 독창적이고 앞선 지식이었어요.
그래서 주위의 비웃음을 사기도 했지만 홍대용은 끝까지 지구가 돈다는
주장을 굽히지 않았어요.

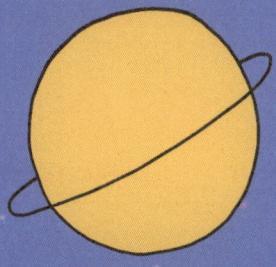

실록 배움터

조선의 코페르니쿠스, 홍대용

우리나라는 예로부터 땅은 평평하다고 믿어 왔어요. 지구가 둥글다는 것은 17세기 이후 서양 과학을 받아들이면서 널리 인정되었지요. 그러나 지구가 하루에 한 번씩 돌고 있다는 것은 알지 못했어요.
==홍대용은 조선 시대 최초로 '지구는 둥글며 하루에 한 번씩 자전하여 낮과 밤이 된다'라는 지전설을 주장했어요.== 또한 '지구가 우주의 중심이 아니며 우주의 별들은 각각 하나의 세계를 가지고 있고 끝없이 흩어져 있다'는 무한우주론을 주장했어요.

농수각

우주는 끝이 없구나!

혼천의

홍대용은 1762년에 집 한쪽에 농수각이라는 최초의 개인 사설 천문대를 만들어 혼천의와 같은 천문 관측 기기를 설치했어요. 혼천의는 해와 달, 별과 같은 천체의 위치를 측정할 수 있는 천문 관측기구였어요.

천안에 있는 홍대용과학관에 가면 홍대용의 과학 사상을 배우고 천문 과학을 직접 체험할 수 있어요. 홍대용과학관은 800밀리미터의 반사 망원경과 지름 15미터 천체 투영관, 상설 전시관과 과학 체험관 등 다양한 시설물을 갖추고 있답니다.

실록 놀이터

영조는 탕평책을 실시해 붕당 정치를 뿌리 뽑아 권력이 어느 한쪽으로 치우치지 않도록 했어요. 그 장면 속에 숨어 있는 그림을 다섯 개 찾아보아요.
(숨은 그림: 편지 봉투, 애벌레, 망원경, 오렌지 조각, 종)

정조 시대에는 조선의 정치와 경제, 사회, 문화가 크게 발전했어요. 그 변화의 중심에는 정조가 있었어요. 정조는 과감한 개혁을 통해 조선 사회를 바꾸어 나갔어요. 규장각을 설치하여 인재를 양성하고 금난전권을 폐지하여 상업을 발전시켰지요. 또 자신의 꿈을 담은 새로운 도시인 수원 화성을 건설했어요.
정조가 펼친 개혁 정치는 조선 사회를 어떻게 변화시켰을지 함께 알아보아요.

정조의 개혁 정치

새 시대를 연 정조

정조가 왕위에 올랐어요

정조의 아버지는 사도 세자이고 할아버지는 영조였어요. 영조는 당파 싸움을 막으려고 탕평책을 실시했으나 신하들은 당파 싸움을 멈추지 않았어요. 노론은 소론과 가까운 사도 세자를 모함하여 뒤주에 갇혀 죽게 했어요. 이 일로 정조는 왕위를 이을 수 없는 죄인의 아들이 되었지요. 영조는 왕세손을 보호하여 왕위를 잇게 하려고, 정조를 죽은 큰아들 효장 세자의 양자로 삼았어요. 하지만 노론은 정조가 왕이 되는 것을 원치 않았어요. 그래서 엄청난 방해 공작을 펴며 자객을 보내 죽이려고까지 했어요.

정조의 개혁 정치

1776년 3월, 영조가 세상을 떠나고 정조가 왕위에 올랐어요. 정조는 왕이 되자마자 노론 대신들을 향해 당당하게 외쳤어요.

"나는 사도 세자의 아들이다."

너무나도 당연한 말이었지만, 노론 대신들은 깜짝 놀랐어요. 그 말은 사도 세자를 죽인 노론 대신들을 가만두지 않겠다는 경고였기 때문이지요. 정조는 이렇게 노론 대신들을 누르고 왕권을 강화해 나가기 시작했어요.

규장각을 설치했어요

정조는 학문이 뛰어난 왕이었어요. 세손 시절부터 책 읽기를 즐겼는데, 날마다 계획을 세워 책을 읽었어요. 때로는 책을 읽느라 밤을 새우기도 했지요. 이렇게 책을 좋아했던 정조는 왕위에 오르자마자 규장각을 설치했어요. 원래 규장각은 왕실 도서관으로, 왕들이 쓴 글이나 글씨 등을 모아 놓은 곳이었어요. 정조는 규장각의 기능을 점차 확대하여 학문과 정책 연구 기관으로 변화시켰어요.

정조의 개혁 정치

규장각에 수만 권의 책을 갖춰 놓고 젊고 유능한 인재들을 불러 모았지요. 규장각 학자들은 정조의 아낌없는 지원과 관심을 받으며 학문 연구에 몰두했어요. 정조가 꿈꾸는 새로운 조선의 정책을 연구하고 실현 방안을 의논했지요. 정조는 규장각을 중심으로 자신의 개혁 정치를 펼쳐 나갔어요. 또 규장각에서 수많은 책을 펴내는 등 조선 후기의 학문 연구 기관으로서도 훌륭한 역할을 해냈어요.

서얼 출신 인재를 등용했어요

조선은 양반이 지배하는 사회였어요. 양반은 주로 공부를 하고 과거 시험을 봐서 나라의 관리가 되었어요. 그런데 양반 중에 서얼은 여러모로 차별받고 벼슬길에 나아가기 힘들었어요. 학문과 능력이 뛰어나도 신분에 가로막혀 자신의 능력을 펼칠 수 없었지요. 이에 정조는 신분과 당파를 가리지 않고 오로지 실력만을 보고 인재를 등용했어요. 특히 서얼 출신 중에서 뛰어난 인재들을 규장각으로 불러 모아 새로운 바람을 일으켰지요.

★**서얼** 본부인이 아니라 다른 여자에게서 얻은 자식과 그의 자손을 말해요.

정조의 개혁 정치

그중 박제가, 유득공, 이덕무 등은 규장각 검서관에 임명되었어요. 서얼 출신인 이들이 검서관이 될 수 있었던 것은 학식이 탁월했기 때문이었어요. 하지만 다른 한편으로는 유능한 서얼을 관리로 등용하려고 했던 정조의 개혁 의지가 있었기 때문에 가능했지요. 이들은 부지런히 학문을 갈고닦아 나라의 어려운 문제를 고민하고 해결하는 데 앞장섰어요.

★**검서관** 문서를 작성하고 책을 교정하고 펴내는 등 규장각의 실무를 맡은 벼슬이에요.

초계문신 제도를 실시했어요

정조는 새로운 조선을 만드는 데 필요한 인재들을 기르려고 초계문신 제도를 실시했어요. 초계문신 제도는 과거에 합격한 사람 중에서 서른일곱 살이 넘지 않은 젊은 인재들을 뽑아 규장각에서 3년간 특별 교육을 하는 제도였어요. 초계문신은 잡무에 시달리지 않고 학문에만 전념했어요. 한 달에 두 번 시험을 보고 성적에 따라 상을 받거나 벌을 받았지요. 또 한 달에 한 번은 정조의 강의를 듣고 왕 앞에서 시험을 치렀어요.

정조의 개혁 정치

정조가 젊은 선비들을 철저하게 교육하고 훈련시킨 것은 자신의 개혁 정치를 함께 이끌어 가고 싶었기 때문이었어요. 정조는 왕위에 있는 동안 138명의 초계문신을 뽑았어요. 이들 가운데 절반 이상이 높은 벼슬자리에 올라 정조의 개혁 정치를 뒷받침했어요. 대표적인 초계문신은 실학자로 유명한 정약용이에요. 정조는 초계문신과 규장각을 통해 당시 집권 세력인 노론을 누르고 조선 사회를 바꿀 개혁 정치를 펼쳐 나갔어요.

정조가 꿈꾼 새로운 도시

화성에 신도시를 건설했어요

정조는 억울하게 죽은 아버지에 대한 그리움과 효성이 지극했어요. 그래서 왕위에 오르자마자 아버지 사도 세자를 장헌 세자로 칭호를 높이고, 무덤을 수원으로 옮겼어요. 그리고 무덤을 왕릉 못지않게 장엄하게 꾸몄지요. 무덤 이름도 현륭원으로 바꾸었어요. 또한 무덤을 지키기 위해 주변에 살던 사람들을 팔달산 아래 새로운 땅인 화성으로 이사하게 했어요. 그런 다음 백성들이 터전을 잡고 잘 살아갈 수 있도록 신도시를 건설했어요.

정조의 개혁 정치

백성들이 옮겨 간 화성은 지형이 평평해서 농업과 상업이 발달하기 좋은 곳이었어요. 한양과 삼남을 연결하는 교통의 중심지이고 군사적으로도 중요한 지역이었지요.

정조는 이곳을 정치, 경제, 군사의 중심 도시로 만들었어요. 농사를 지으려는 백성들에게는 화성 북쪽의 넓은 땅을 개간하여 빌려주고 정해진 세금을 받았어요. 장사를 원하는 백성들에게는 무이자로 돈을 빌려주고 상점을 열 수 있게 도와주었지요. 그리고 도시의 등급을 올리고 명재상 채제공을 보내 화성을 다스리게 했어요.

★**삼남** 전라도, 충청도, 경상도를 통틀어 이르는 말이에요.

정약용이 성곽을 설계했어요

정조는 화성이 도시로서 어느 정도 모습을 갖추어 나가자 성을 쌓기로 했어요. 화성에 쌓을 성곽의 설계는 실학자인 정약용에게 맡겼지요. 정약용은 뛰어난 학자답게 우리나라 성곽의 장단점을 연구하고 중국과 일본 성곽의 장점을 받아들였어요. 또 과학 기술에도 밝아 서양 과학 기술 책을 열심히 읽고 공부했어요. 그래서 평상시는 물론이고 전쟁 때도 백성들이 피란 가지 않고 성안에서 적을 막을 수 있도록 수원 화성을 설계했어요.

정조의 개혁 정치

드디어 화성 성곽 공사가 시작되었어요. 정조는 이 공사를 매우 중요하게 여겼어요. 그래서 공사의 총책임을 자신의 오른팔과 같은 좌의정 채제공에게 맡겼어요. 채제공은 겉모습만 화려한 성곽이 아니라 기초가 튼튼한 성곽을 쌓을 것을 지시했어요. 성곽은 서쪽의 팔달산을 끼고 동쪽의 평지를 따라 쌓았어요. 성곽의 둘레는 약 5.7킬로미터, 높이는 4~6미터에 이르고 대략 100미터쯤마다 치성과 포루, 공심돈, 봉돈, 암문, 수문 등 갖가지 방어 시설을 두루 갖추었어요.

129

첨단 기구를 사용했어요

화성 성곽을 쌓는 공사는 1794년 1월에 시작해서 1796년 9월에 끝났어요. 2년 9개월 만에 화성 성곽을 쌓는 거대한 공사가 마무리된 것이지요. 이렇게 공사 기간이 짧았던 것은 공사에 첨단 기기를 만들어 사용했기 때문이었어요. 정조는 정약용에게 중국 책 〈기기도설〉을 내려 주며 명령했어요.

"이 책을 참고해서 무거운 돌을 옮기는 데 수월한 도구를 만들라."

정약용은 연구 끝에 거중기와 유형거, 녹로와 같은 기구를 만들어 냈어요.

★**유형거** 돌이나 목재 등을 나르는 수레예요.

정조의 개혁 정치

거중기는 돌과 같은 무거운 물체를 들어 올리는 데 사용하는 도구였어요. 움직이는 도르래를 이용해 무거운 물체를 작은 힘으로 들어 올릴 수 있게 만들었지요. 녹로는 고정 도르래를 이용해 물체를 들어 원하는 위치로 옮기는 장치였어요. 오늘날의 크레인과 비슷한데 성벽을 차곡차곡 쌓아 올리는 데 사용했지요. 공사가 끝나자 정조는 거중기 덕분에 공사비 4만 냥을 절약했다며 정약용을 칭찬했어요.

일한 만큼의 임금을 지급했어요

성곽 공사 기간이 짧았던 또 다른 이유는 기술자를 비롯한 일꾼들에게 일한 만큼의 정당한 임금을 지급했기 때문이었어요. 요즘에는 당연한 일이지만 그때까지만 해도 나라의 큰 공사에 백성들을 동원하여 공짜로 일을 시켰어요. 임금은커녕 먹을 것도 주지 않았지요.

하지만 화성 공사에서는 달랐어요. 하루 일이 끝날 때마다 품삯을 지급하고 반나절 일한 것까지도 품삯을 쳐주었어요. 그러자 일꾼들이 신이 나서 더 열심히 일했고 공사에 속도가 붙었어요.

정조의 개혁 정치

또 정조는 화성 공사에 전문 일꾼들을 불러 모았어요. 전국에서 석수, 목수, 미장이, 대장장이 등 22개 직종의 1,821명이 참여했어요. 정조는 이들이 어떤 일을 얼마나 잘하는지에 따라 일반 일꾼보다 더 많은 임금을 지급했어요. 그리고 열한 차례에 걸쳐 음식을 내리고 여름에는 더위를 이겨 내는 약을, 겨울에는 털모자를 내려 주기도 했어요. 전문 일꾼들은 자신의 가치를 인정받고 기술과 능력을 충분히 발휘했어요. 그 덕분에 10년을 예상했던 공사가 2년 9개월 만에 끝났지요.

실록 배움터

왕을 호위하는 조선 최고의 부대, 장용영

정조는 반대 세력인 노론의 온갖 방해를 뚫고 어렵게 왕위에 올랐어요. 하지만 왕위에 오른 뒤에도 위협은 계속되었어요. 정조가 자신을 지키고 개혁 정치를 펼쳐 나가기 위해서는 군대가 필요했지요. 그래서 왕을 지키는 친위 부대인 장용영을 만들었어요.

장용영은 내영과 외영으로 나뉘었어요. 내영은 서울을 지키고 외영은 화성을 지켰어요. 화성을 중요하게 여겼던 정조는 내영보다 외영에 더 강력한 군대를 두었어요. 화성을 지키는 외영 군사는 5,000여 명을 두었지요.

정조는 매년 화성에서 무과 시험을 치러 장용영 외영에 배치했어요. 이때 장용영 군사가 되려면 〈무예도보통지〉에 나오는 무예를 모두 익혀야 했어요.
〈무예도보통지〉에는 무예 동작 하나하나가 글과 그림으로 자세하게 설명되어 있는데, 땅에서 하는 무예 18가지와 말을 타고 하는 무예 6가지가 들어 있어요. 이런 무예로 무장한 장용영은 조선 최고의 군대가 되었어요. 하지만 정조가 죽은 뒤인 1802년에 폐지되고 말았지요.

정조의 화성 행차

한강에 배다리를 놓았어요

1795년 봄, 화성 성곽 공사가 한창이던 때였어요. 정조는 특별한 화성 행차를 준비했어요. 어머니 혜경궁 홍씨의 회갑을 맞이하여 아버지의 무덤이 있는 화성에서 잔치를 열기로 한 것이지요. 정조는 화성 행차를 통해 부모에게는 효성을 다하고 신하들과 백성들에게는 왕의 권위와 위엄을 보여 주고 싶었어요. 그래서 행차의 규모가 더욱 크고 장엄했어요. 정조와 혜경궁 홍씨를 수행하는 인원만 1,800여 명에 이르렀고, 그 외에도 6,000명이나 되는 사람들이 행차에 동원되었어요.

정조의 개혁 정치

그런데 궁궐에서 출발한 왕의 행차가 화성까지 가려면 한강을 건너야 했어요. 당시에는 오늘날과 같은 다리가 없었기 때문에 배를 타야 했어요. 왕을 비롯한 그 많은 사람이 노를 젓는 작은 배를 타고 한강을 건너기는 무척 어려운 일이었지요. 정약용은 연구 끝에 배다리를 설계했어요. 배다리는 36척의 배를 연결하고 그 위에 판자를 깔아 만든 임시 다리였어요. 행차는 한강에 놓인 배다리를 건너 화성으로 향했어요.

회갑 잔치를 열었어요

화성에 도착한 정조는 어머니의 건강부터 챙겼어요. 먼 길을 오느라 지친 몸을 편히 쉬게 하고 따뜻한 음식으로 기운을 북돋웠지요. 행차 4일째 되는 날에는 어머니를 모시고 아버지의 무덤인 현륭원을 찾아 참배했어요. 혜경궁 홍씨는 젊은 나이에 뒤주에 갇혀 비통하게 죽은 남편 사도 세자를 생각하며 많은 눈물을 쏟았어요. 정조는 어머니를 위로하며 슬픈 마음을 달랬지요.

정조의 개혁 정치

혜경궁 홍씨의 회갑 잔치는 행차 5일째 되는 날에 열렸어요. 봉수당에는 정조와 혜경궁이 자리했고 앞마당에는 친척들과 신하들이 자리를 잡았어요. 정조는 혜경궁 홍씨에게 무릎을 꿇고 술잔을 올렸어요. 혜경궁 홍씨는 "전하와 더불어 만백성과 경사를 함께한다."라고 말했어요. 잔치에 참석한 사람들은 모두 혜경궁의 만수무강을 빌며 잔치를 즐겼어요. 잔치가 끝나고 정조는 흡족한 마음으로 신하들에게 음식과 꽃을 나눠 주었지요.

봉수당진찬도

과거를 치르고 군사를 훈련했어요

정조는 화성에서 특별 과거 시험을 치렀어요. 조선에서 과거 시험은 매우 중요했어요. 집안을 일으키고 자신의 이름을 떨칠 수 있는 거의 유일한 수단이었지요. 그런데 정기적인 과거 시험은 3년에 한 번씩 열렸고 33명을 뽑았어요. 이 시험을 통과하기는 하늘의 별 따기만큼이나 어려웠지요. 정조는 화성에서 이 기회를 주었어요. 응시 자격을 화성과 주변 지역 백성들로 제한하여 문과에서 5명, 무과에서 56명을 뽑았어요.

정조의 개혁 정치

또 정조는 군사 훈련을 직접 지휘했어요. 투구와 갑옷을 갖춰 입고 말을 탄 채 서장대에 올랐어요. 우렁찬 나팔 소리와 함께 서장대에 깃발이 올라갔어요. 그러자 사방의 성문에서 화포로 응답하며 깃발을 흔들었어요. 훈련은 실제 전투가 벌어졌을 때처럼 치밀하고 엄격하게 진행되었어요. 이 훈련에 참여한 군인은 모두 3,700여 명이었어요. 정조는 훈련이 끝나고 장병 수백 명에게 화살과 포목 등을 상으로 내려 군사들의 사기를 높였어요.

실록 배움터

〈화성성역의궤〉와 〈원행을묘정리의궤〉

의궤는 나라의 중요한 행사를 글과 그림으로 자세하게 기록한 책이에요. 그중 〈화성성역의궤〉는 화성 성곽 공사의 모든 것을 담아 훗날에 참고할 수 있게 만들었어요.

〈화성성역의궤〉에는 화성 성곽 공사를 시작할 때부터 완공할 때까지의 과정이 꼼꼼하게 기록되었어요. 공사 진행 과정에서 주고받은 공문서, 왕의 명령 등을 비롯해 공사에 참여한 사람들의 이름과 일한 기간, 품삯, 일할 때 사용되는 도구 등이 세밀하게 묘사되었어요. 또한 화성의 전체 모습과 성곽에 설치된 모든 시설물이 세세하게 그려졌지요. 그 덕분에 화성은 원형대로 복원되었고 1997년에 유네스코 세계 문화유산으로 등재되었어요.

화성성역의궤

자세하게!

빠짐없이!

〈원행을묘정리의궤〉는 정조가 혜경궁 홍씨의 회갑을 맞이하여 화성에 행차했던 일을 기록한 책이에요. 1795년 2월 9일부터 16일까지 8일간의 일정과 행사가 세세하게 기록되어 있지요.
〈원행을묘정리의궤〉에는 정조가 신하들과 나누었던 대화, 행사에 사용된 음악, 무녀들의 춤, 잔치를 축하하는 글, 잔치에 참여한 사람들, 잔치 음식 등이 빠짐없이 기록되었어요. 이렇게 자세하게 기록되었기에 오늘날에도 혜경궁 홍씨의 회갑 잔치를 재현할 수 있답니다.
이런 가치를 인정받아 조선 왕조의 〈의궤〉는 세계 기록 유산으로 지정되었어요.

모든 것을 다 꼼꼼하게 기록하시오.

시끌벅적 시장의 성장

상업이 발달했어요

조선 후기에는 상업이 크게 발달했어요. 먼저 모내기법 등 농사법의 발달로 농업 생산량이 크게 늘었어요. 게다가 고구마, 감자, 토마토, 호박, 고추 등 외국에서 들여온 작물이 널리 재배되어 먹을거리가 다양해졌어요. 여유가 생긴 농민들은 먹고 남은 곡식이나 채소를 시장에 내다 팔았어요. 도시 주변에서는 시장에 내다 팔기 위해 채소 농사를 지었어요. 물건을 사고파는 시장이 발달하면서 전국에 1,000여 곳이 넘는 장시가 열렸어요.

★장시 조선 시대에 5일에 한 번씩 열리던 시장이에요.

정조의 개혁 정치

시장에서 물건을 파는 사람 중에는 직접 가꾼 채소나 곡식을 가지고 나와 파는 사람도 있었지만, 장사만 전문으로 하는 장사꾼도 있었어요. 이들은 장이 서는 곳마다 돌아다니면서 옷감과 그릇 같은 생활필수품부터 값비싼 물건까지 매우 다양한 물건을 팔았어요. 이렇게 상업이 발달하면서 큰 도시를 중심으로 장사하는 상인들이 생겨났어요. 이들은 전국의 장시뿐 아니라 일본, 중국과 무역을 하면서 큰 상인이 되었어요. 그중 한양의 경강상인, 개성의 송상, 의주의 만상, 부산의 동래 상인 등이 유명했어요.

시전 상인에게 독점권이 있었어요

시장이 발달하면서 장사를 해서 먹고살려는 사람이 많아졌어요. 하지만 한양에서는 누구나 마음대로 장사할 수 없었어요. 농업 국가였던 조선은 장사보다 농사를 중요하게 여겼어요. 특히 조선은 국가 경제의 바탕이 농업이었기 때문에 아무나 장사를 하지 못하도록 막았어요. 시전 상인만이 장사할 수 있었고 나머지는 난전이었어요. 난전은 오늘날의 노점상처럼 허가받지 않고 장사하는 가게였어요.

정조의 개혁 정치

시전은 조선 초기에 시장을 통제하기 위해 계획적으로 만든 상점이었어요. 나라에서는 시전 상인에게 정해진 물품을 독점적으로 판매할 수 있는 특혜를 주었어요. 그 대신 세금과 부역의 의무를 지게 했지요. 시전 상점 가운데 가장 중심이 되는 상점은 육의전이었어요. 육의전은 비단, 무명, 생선, 명주, 모시, 종이 등을 파는 상점이에요. 주로 궁궐과 관청에서 필요한 물건들을 납품하고 남은 물건을 일반 백성들에게 팔았어요.

백성들이 고통받았어요

난전이 늘어나면서 시전 상인들의 횡포가 심해졌어요. 조선 시대 시전 상인에게는 금난전권 즉, '난전을 금지할 수 있는 권리'가 있었어요. 시전 상인은 이 독점권을 이용하여 경쟁자 없이 자기들만 장사하여 이익을 독차지하려고 했어요. 난전 상인이 손님들에게 물건을 팔면 모든 물건을 빼앗고 벌을 받게 하거나 벌금을 내게 했어요. 가난한 백성이 산나물이라도 팔려고 나오면 시전 상인이 금세 나타나 마구 두들겨 패고 산나물까지 빼앗아 갔어요.

정조의 개혁 정치

그뿐 아니라 시전 상인들은 난전의 물건을 헐값으로 몽땅 사들인 다음 값을 두 배 세 배로 올려서 비싸게 팔았어요. 백성들에게는 선택의 여지가 없었어요. 싫어도 시전에서 계속 비싼 물건을 사서 써야 했지요. 가난한 백성들은 꼭 필요한 물건이 있어도 값이 비싸서 살 수가 없었어요. 수공업자들도 만든 물건을 팔지 못하는 경우가 생겨 생계를 이어 나가기 어려웠어요.

신해통공을 실시했어요

하지만 금난전권을 폐지하는 일은 결코 쉽지 않았어요. 횡포를 부리는 시전 상인들의 배후에는 당시 집권 세력인 노론이 있었기 때문이지요. 노론은 시전 상인들과 결탁하여 돈을 받고 온갖 비리를 눈감아 주었어요. 시전 상인들이 노론을 움직이는 돈줄이었던 것이지요. 그래서 노론은 금난전권 폐지를 강력하게 반대했어요.

그러나 정조는 상업을 활성화하여 백성들의 삶이 나아지길 바랐어요. 또한 노론과 시전 상인들의 연결 고리를 끊는 일도 정치적으로 중요했지요. 노론의 경제력이 결국에는 왕권에 위협이 되기 때문이었어요.

정조의 개혁 정치

1791년, 정조는 육의전을 제외한 금난전권을 폐지하는 신해통공을 발표했어요. 통공은 '모두에게 공평하게 통한다', 즉 '누구나 자유롭게 물건을 사고팔 수 있게 한다'라는 뜻이었어요. 신해통공이 발표되자 한양에서는 자유로운 상업 활동이 펼쳐지기 시작했어요. 상품 거래가 더욱 활발해지고 물가가 안정되었지요. 조선의 상업은 눈에 띄게 성장해 나갔고 경제가 크게 발전하는 계기가 마련되었어요.

포구가 발전했어요

장시가 발달하면서 전국을 돌아다니며 물건을 파는 보부상이 생겼어요. 보부상은 한마디로 보따리장수예요. 물건을 보자기에 싸서 들고 다니거나 등에 지고 다니며 팔았지요. 이들은 장시가 열리는 곳은 전국 어디나 돌아다녔는데, '장시만 돌아다닌다'는 뜻으로 '장돌뱅이'라고도 불렀어요. 장돌뱅이들은 날마다 시장을 옮겨 다니며 고을과 고을을 연결하는 새로운 길을 냈어요. 그리고 각 지방의 생산물을 팔도의 장시에 팔아 서민들의 생활에 큰 도움을 주었어요.

정조의 개혁 정치

한편 배가 드나드는 포구에서는 장시보다 훨씬 큰 규모의 장사가 이루어졌어요. 당시에는 물건을 운반하려면 육로보다 강이나 바다가 더 빠르고 편리했어요. 육지에는 산이 많고 수레나 도로가 발달하지 않았기 때문이지요. 그래서 사람이 주로 물건을 운반할 수밖에 없었는데, 강이나 바다에서는 배를 이용했어요. 포구에 배가 들어오면 장시가 서기도 하고, 중간 상인이 물건을 받아 두거나 대신 팔아 주었어요. 포구 주변은 늘 사람들로 붐볐고 객주★나 여각★이 들어서는 등 더욱 발전했어요.

★객주 다른 지역에서 온 상인들이 지낼 만한 곳을 제공하는 집을 말해요.
★여각 포구에서 상인들의 숙박 및 화물의 보관이나 판매, 운송을 맡아보던 상업 시설이에요.

실록 배움터

전 재산을 털어 제주 백성을 살린 김만덕

김만덕은 정조 시대에 굶어 죽어 가는 제주의 백성들을 살려 낸 여성 상인이었어요.

1792년, 제주에 가뭄이 들기 시작하더니 4년 동안이나 계속되었어요. 제주 관아에 보관하고 있던 곡식은 벌써 바닥이 났고 곳곳에서 백성들이 굶어 죽었어요. 제주 목사는 정조에게 제주의 상황을 알리고 쌀 2만 섬을 요청했어요. 그런데 쌀을 싣고 오던 배가 그만 풍랑을 만나 바다에 가라앉고 말았어요. 쌀이 오기를 손꼽아 기다리던 제주 백성들은 살아갈 희망을 잃었지요.

이때 김만덕이 평생 모은 전 재산을 제주 백성들을 위해 내놓았어요.
"어서 육지로 나가 쌀을 사 오십시오."
김만덕이 내놓은 돈을 받은 사람들이 쌀을 구하러 육지로 나갔어요. 그리고 전라도와 경상도 등지에서 쌀을 구해다가 관아로 싣고 가서 백성들에게 나눠 주었지요. 이렇게 김만덕은 '만덕(萬德)'이란 자신의 이름처럼 많은 사람에게 덕을 베풀었어요. 애써 번 돈을 어려움에 빠진 사람들에게 아낌없이 나눌 줄 알았던 진정한 부자였던 셈이지요.

새로운 변화의 바람

서양 문물이 들어왔어요

조선 후기에는 청나라와 활발하게 교류했어요. 사신, 학자, 상인 등 청나라에 다녀오는 사람들이 점점 늘어났지요. 그런데 실제로 가 본 청나라는 조선에서 생각했던 것과는 사뭇 달랐어요. 수도 베이징에는 세계 각지에서 온 사람들과 처음 보는 서양의 물건들이 넘쳐 났어요. 조선의 학자들은 청나라의 발전된 문물을 보고 깜짝 놀랐어요.

"이렇게 새롭고 신기한 문물들이 있었는데, 우리는 지금까지 아무것도 모르고 있었구나!"

정조의 개혁 정치

청나라에 갔던 사람들은 서양의 물건과 책들을 잔뜩 사 가지고 조선으로 돌아왔어요. 그중에는 멀리 있는 물체를 크고 정확하게 보이게 만든 천리경, 나쁜 시력을 교정해 잘 보이게 도와주는 안경, 자동으로 시간을 알려 주는 자명종과 아시아, 유럽, 아프리카는 물론이고 아메리카까지 나와 있는 세계 지도 〈곤여 만국 전도〉 등이 있었어요. 조선 사람들은 이 지도를 보고 세상이 자신들이 알고 있던 것보다 훨씬 더 크고 넓다는 것을 새로 알게 되었어요.

천주교를 탄압했어요

청나라에는 선교 활동을 하러 온 서양 선교사들이 많았어요. 청나라에 갔던 사람들은 서양 선교사들을 통해 천주교를 받아들였지요. 하지만 처음 천주교가 들어올 당시에는 종교가 아닌 학문이었어요. 학자들은 천주교를 천문학, 지리학, 수학 등과 같은 서양 학문 중 하나로 받아들여 공부했어요. 그래서 '서양의 학문'이란 뜻으로 '서학'이라 불렀지요. 그즈음 조선은 서양 문물에 관심이 많았어요. 서학은 새로운 학문과 사상을 배우려는 사람들에게 퍼져 나갔어요.

정조의 개혁 정치

우리나라 최초의 천주교 신자는 이승훈이었어요. 이승훈은 청나라에서 서양 신부에게 세례를 받고 돌아왔어요. 천주교는 하느님 앞에 모든 사람이 평등하다고 가르쳤어요. 이런 가르침은 양반과 상민의 신분제 사회에서 차별받던 사람들의 마음을 움직였어요.

그러나 조선은 천주교를 인정할 수 없었어요. 조상신을 모시는 제사를 거부하는 사람이 있는 데다 양반들이 평등이라는 가르침을 받아들이지 못했기 때문이지요. 그래서 조선은 천주교를 탄압하고 천주교를 믿는 사람들을 처형하거나 귀양 보냈어요.

실록 배움터

조선 최초의 교회는 누가 세웠을까?

조선에 교회를 처음 세운 사람은 이승훈이었어요. 이승훈은 실학자 정약용의 매형이었어요. 일찍이 서학을 접하고 천주교에 관심이 많았던 이승훈은 1783년 아버지를 따라 베이징에 갔어요. 이때 약 40일을 베이징에 머물면서 서양 선교사들에게 천주교 교리를 배웠어요. 그리고 그라몽 신부에게 세례를 받아 한국인 최초로 천주교 신자가 되었어요.

이승훈은 청나라에서 수십 종의 교리 책과 십자고상, 묵주 등을 가지고 조선으로 돌아왔어요. 그리고 이벽, 정약용 등 여러 사람에게 세례를 주었지요. 이들은 1784년 오늘날 명동 성당 자리인 김범우의 집에서 정기적으로 모여 예배를 드렸어요. 우리나라 최초로 천주 교회가 창립된 것이지요. 그러나 이듬해인 1785년 예배를 드리다 발각되어 김범우가 경상도로 유배되면서 이 모임은 해체되었어요. 그로부터 100여 년 뒤에 블랑 주교가 이곳을 사서 명동 대성당을 지었어요.

실학으로 새로운 시대를 꿈꾸다

토지 개혁을 주장했어요

정조 때는 실학이 크게 발달했어요. 실학자들은 성리학자들과 달리 실생활에 도움이 되는 학문을 연구했어요. 하지만 실학자라도 사람에 따라 관심 분야가 조금씩 달랐어요. 유형원, 이익, 정약용 등은 농촌 문제에 관심이 많았어요. 당시 농민들의 생활은 비참할 정도로 어려웠어요. 아무리 열심히 농사를 지어도 먹을 게 없어 굶주렸지요. 수확한 곡식을 땅 주인에게 바치고 세금을 내고 나면 남는 게 없었어요. 실학자들은 농민들이 잘살려면 토지 제도를 바꿔야 한다고 주장했어요.

정조의 개혁 정치

유형원은 농민들에게 일정한 면적의 토지를 나누어 주어야 한다고 주장했어요. 이익은 생활하는 데 꼭 필요한 최소한의 땅은 사고팔지 못하게 하여 물려주자고 했어요. 그래야 농민들이 조금이라도 자신의 땅을 갖게 되고 떠도는 사람이 사라진다는 것이었지요. 정약용은 마을별로 함께 농사를 짓고 일한 만큼 수확량을 나누어 가져야 한다고 했어요. 또 원칙에 따라 세금을 걷고 다양한 직업을 가져야 한다고도 말했지요.

정약용은 최고의 실학자였어요

정약용은 정조 시대를 빛낸 최고의 실학자였어요. 성리학은 물론이고 건축, 수학, 지리, 과학 등 전 분야에 뛰어난 실력을 갖추었어요. 초계문신으로 정조의 개혁 정치를 도와 수원 화성과 배다리를 설계하기도 했지요.
여러 벼슬을 거치던 정약용은 1794년에 경기도 암행어사로 파견되었어요. 이때 농촌의 어려운 현실을 보고 왜 백성들이 고통 속에서 가난하게 사는지, 어떻게 하면 백성들의 생활이 나아질 수 있을지 고민했어요.

정조의 개혁 정치

그 뒤 정약용은 곡산 부사를 지냈는데 백성을 아끼고 잘 살펴 백성들의 존경을 받았어요. 또한 이때 전국적으로 천연두가 유행하자 〈마과회통〉이라는 책을 펴내서 많은 환자를 구했어요.

그러나 정조가 세상을 떠나자 천주교 신자로 몰려 전라도 강진으로 유배되었어요. 이곳에서 정약용은 〈목민심서〉, 〈경세유표〉, 〈흠흠신서〉 등을 비롯하여 수많은 책을 펴냈어요. 18년 만에 유배가 풀리고 고향으로 돌아와서 500여 권에 이르는 자신의 책을 정리하여 〈여유당전서〉를 편찬했어요.

목민심서

청의 문물을 받아들이자고 주장했어요

실학자 중에는 발전된 청나라의 학문과 기술을 받아들이자고 주장한 학자들도 있었어요. 청나라를 여행하면서 발전된 문물을 직접 보고 온 실학자들이었지요. 이들을 북학파라고 불렀는데, '북학'은 청의 학문이나 문물을 의미했어요. 대표적인 북학파 실학자는 박지원, 박제가, 홍대용, 유득공 등이었지요. 북학파는 상공업을 발전시키고 무역을 늘려야 조선이 부강해진다고 주장했어요.

정조의 개혁 정치

또 청나라의 과학 기술과 문물을 배워서 백성들의 생활을 더 나아지게 하자고 제안했어요. 예를 들면 실생활에 수레를 이용하는 것이지요. 그동안 조선은 물건을 옮길 때 머리에 이거나 등에 져서 옮겼어요. 이것을 바꿔 수레를 이용하면 한꺼번에 많은 양을 손쉽게 옮길 수 있지요. 또한 북학파는 농민이 잘살려면 생산량을 늘려야 한다고 주장했어요. 성능 좋은 농기구를 개발하고 새로운 농사 기술을 받아들이며 관개 시설을 늘리자는 것이지요. 이런 방안이 세금이나 토지 제도를 개혁하는 것보다 오히려 더 효과적이라고 생각했어요.

★**관개 시설** 농사에 필요한 물을 대거나 빼는 장치를 가리켜요.

박지원은 풍자 소설을 썼어요

북학파 실학자인 박지원은 벼슬보다는 학문과 글쓰기에 관심이 많았어요. 1780년에 청나라에 가는 사절단을 따라 북경과 열하를 여행하고 돌아와 〈열하일기〉를 썼어요. 이 책에는 청나라의 발전된 문물이 조선을 잘살게 한다면 과감하게 받아들여야 한다는 내용이 들어 있어요.

당시 청나라를 오랑캐라고 업신여기던 양반들은 이런 책을 쓴 박지원을 엄청나게 비판했어요. 그러나 젊은 선비들은 박지원의 사상을 적극 받아들여 북학파의 중심 사상으로 삼았어요.

★**열하** 중국 청나라 때 황제의 여름 별장이 있던 곳이에요.

정조의 개혁 정치

박지원은 당시 현실을 비판하고 풍자하는 글을 많이 썼어요. 〈양반전〉에서는 조선 시대 최고의 특권층이었던 양반의 무능과 허례허식을 적나라하게 꼬집었어요. 〈허생전〉에서는 허생이라는 인물을 통해 조선이 경제적으로 얼마나 취약한 사회인가를 잘 보여 주었지요. 또한 신분이 낮아 천대받았던 사람들을 주인공으로 한 소설도 여러 편 썼어요. 〈예덕선생전〉은 똥 치우는 사람이 주인공이고 〈광문자전〉은 거지 광문이 주인공이지요. 이런 박지원의 작품들은 모두 〈연암집〉에 수록되어 있는데, 당시는 물론이고 후대의 학자들에게 많은 영향을 끼쳤어요.

★허례허식 자신의 형편에 맞지 않게 겉만 번드르르하게 꾸미는 것을 말해요.

박제가는 〈북학의〉를 펴냈어요

박제가는 이름난 양반 집안의 서자로 태어났어요. 어려서부터 시와 글씨, 그림 등에 뛰어난 재주를 보였지요. 그러나 조선은 서자를 차별했기 때문에 과거를 통해 관리로 나아갈 수 없었어요. 박제가는 박지원을 스승으로 모시고 이덕무, 유득공 등의 실학자와 함께 북학파를 이루었어요. 그런데 왕위에 오른 정조가 능력 있는 서얼을 인재로 등용하면서 규장각에서 일하게 되었어요. 박제가는 규장각에서 정조의 개혁 정치를 돕는 한편 정약용 등 뛰어난 학자들과 함께 학문을 넓혔어요.

정조의 개혁 정치

1778년, 박제가는 사절단을 따라 청나라에 갔어요. 누구보다 청나라에 관심이 많았던 박제가는 열정적으로 청나라의 문명을 샅샅이 살폈어요. 그리고 〈북학의〉를 써서 조선에 청나라의 선진 문물과 풍속, 제도 등을 자세하게 소개했어요.

또한 삼면이 바다인 조선의 자연환경을 잘 이용하여 해상 무역을 발전시켜야 한다고 주장했어요. 특히 절약보다는 소비를 권장해 생산을 늘리는 방안을 제시했어요. 당시 조선은 이런 박제가를 이상주의자로 취급했지만 박제가는 조선 후기 대표적인 실학자로 많은 업적을 남겼답니다.

실록 배움터

백성들의 생활을 생생하게 그려 낸 김홍도

김홍도는 조선 시대 최고의 화가였어요. 특히 사람들이 살아가는 모습을 그림으로 잘 표현한 풍속화가로 널리 알려졌지요. 어릴 때부터 그림에 타고난 재능을 보였던 김홍도는 양반 출신 화가로 이름이 높았던 강세황에게 그림을 배웠어요. 그리고 뛰어난 그림 실력을 인정받아 도화서의 화원이 되었지요. 도화서에서는 나라의 공식 행사를 그림으로 기록했고, '임금의 모습을 그리는 화가'라는 뜻의 '어진 화사'가 되어 영조와 정조의 초상화를 그렸어요.

정조는 김홍도를 무척 아꼈어요. 왕위에 오르자마자 규장각을 세우고 김홍도에게 '규장각도'를 그리게 했어요. 그 뒤로 화성 건설과 화성 행차 등 중요한 행사 그림을 많이 맡겼지요. 또 정조는 김홍도에게 백성들이 살아가는 모습을 그리게 했어요. 김홍도는 '씨름', '서당', '벼 타작', '무동' 등의 그림에 다양한 백성들의 생활을 그렸어요. 그림 속 백성들은 생생한 표정과 역동적인 움직임으로 마치 살아 움직이는 것 같지요. 현재 김홍도의 그림은 300점이 넘게 전해지고 있답니다.

실록 놀이터

조선은 후기로 갈수록 정치적인 싸움과 개혁을 반복하며 새로운 변화의 시대를 맞이하고 있었어요. 아래 그림을 살펴보고 알맞은 것끼리 연결해 보세요.

정조

현종

예송 논쟁에 휘말렸어요.

왕위 계승 문제로 노론과 소론 사이에 신임사화가 일어났어요.

화성에 신도시를 건설해 새로운 조선을 꿈꾸었어요.

균역법을 실시해 백성들의 부담을 줄였어요.

환국을 일으켜 왕권을 강화했어요.

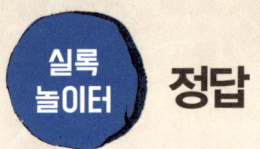

정답

▼ 26~27쪽

▼ 72~73쪽

▼ 114~115쪽

▼ 174~175쪽

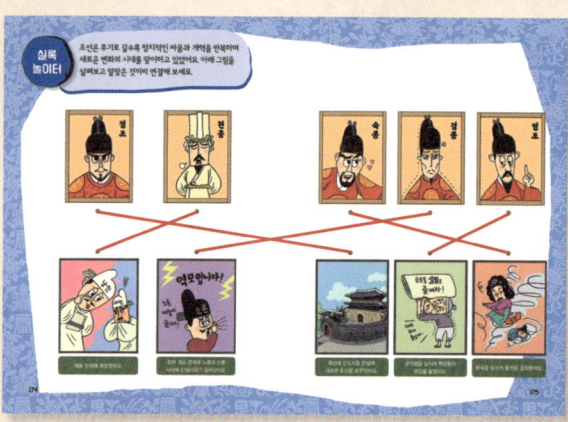

<그림으로 보는 조선왕조실록>
시리즈는 전 5권입니다.

1권 새 나라 조선
2권 빛나는 조선의 문화
3권 개혁과 혼란의 시대
4권 새로운 조선을 꿈꾸다
5권 세도 정치로 무너지다

<그림으로 보는 한국사>와 함께 읽어요!